kochen & genießen

30-Minuten-Küche

Weltbild

Die Ratschläge in diesem Buch wurden von Autoren und Verlag
sorgfältig erwogen und geprüft, dennoch kann eine Garantie nicht
übernommen werden. Eine Haftung der Autoren bzw. des Verlages
und seiner Beauftragten für Personen-, Sach-, oder Vermögens-
schäden ist ausgeschlossen.

Genehmigte Sonderausgabe für Verlagsgruppe Weltbild GmbH,
Steinerne Furt, 86167 Augsburg
Copyright der Originalausgabe
© Edel Germany GmbH, Hamburg
www.edel.com

Redaktion kochen & genießen:
Gertraud Schwillo (Chefredaktion)
Irene Rüter (Konzeption & Text)
Angela Berger, Klaus Heitkamp, Monika Lamping (Redaktion)
Dörte Petersen-Freynhagen, Hanne Tauscher (Schlussredaktion)

Grafisches Konzept & Layout:
Marion Müller "mal 3"

Fotos: City Food & Foto, Hamburg
S. 188/189: Braun (1), Deutsches Tiefkühlinstitut (1),
Die Dosenköche (1), Fackelmann (1), Kitchen Aid (1),
Krups (2), Küchenprofi (2), Leifheit (1), Panasonic (1),
Rösle (1), Silit (2), Triangle (1)

Druck und Bindung:
optimal media GmbH, Röbel

Printed in Germany

ISBN 978-3-8289-1496-4

2014 2013 2012
Die letzte Jahreszahl gibt die aktuelle Ausgabe an.

Einkaufen im Internet:
www.weltbild.de

Einfach schnell was Feines zaubern!

Auch wenn Sie gerne und mit viel Muße kochen – es gibt Situationen, da muss schnell was auf dem Tisch stehen. Sei es, dass die Kinder Hunger haben, Sie noch zu einem wichtigen Termin müssen oder einfach unerwartet Gäste vor der Tür stehen.

Klar können Sie jetzt den Pizza-Service anrufen oder zum Imbiss-Stand um die Ecke hetzen. Ist aber nicht nötig! Denn wir haben in diesem Buch für Sie über 150 Patent-Rezepte für ganz eilige Fälle zusammengestellt.

Ob schnelle Pasta, kurz gebratene Schnitzel & Co., Leckeres mit Hack, Express-Gerichte, die auch mit Zutaten aus dem Vorrat gelingen, oder süße Hauptgerichte für Naschkatzen – alles steht spätestens in rekordverdächtigen 30 Minuten auf dem Tisch.

Und das Beste: Sämtliche Gerichte wurden in der Versuchsküche von kochen & genießen mehrfach erprobt und sind Schritt für Schritt erklärt. Spezielle Handgriff-Fotos sowie viele Extra-Tipps sorgen dafür, dass Ihnen die Zubereitung schnell und leicht von der Hand geht.

Wir wünschen Ihnen viel Spaß und guten Appetit!

Ihre Redaktion
kochen & genießen

Inhalt

Inhalt

Nudeln –

Bandnudeln mit Käse-Nuss-Sahne

Zutaten für 4 Personen:

- Salz, weißer Pfeffer
- 2 Stangen (ca. 300 g) Porree (Lauch)
- 1 kleine Zwiebel
- 250 g dünne Bandnudeln
- 100 g Walnusskerne
- 1 EL (20 g) Butter/Margarine
- 1 gehäufter EL (20 g) Mehl
- ¼ l Milch
- 200 g Schlagsahne
- 100 g Gorgonzola
- 1–2 EL Zitronensaft
- evtl. Dill zum Garnieren

1 Reichlich Salzwasser aufkochen. Porree putzen, waschen, halbieren und längs in dünne Streifen schneiden. Zwiebel schälen und fein würfeln.

2 Nudeln ins Salzwasser geben und 8–10 Minuten garen. Porreestreifen ca. 5 Minuten mitgaren.

3 Walnusskerne grob hacken. In einem Topf ohne Fett kurz anrösten und herausnehmen. Fett in dem Topf erhitzen. Zwiebel darin andünsten. Mit Mehl bestäuben und kurz anschwitzen. Milch und Sahne einrühren.

4 Gorgonzola zerbröseln und in die Soße geben. 5 Minuten köcheln. Mit Salz, Pfeffer und Zitronensaft abschmecken. Nüsse untermischen. Nudeln und Porree abgießen. Mit der Soße und Dill anrichten.
Getränk: kühle Weißwein-Schorle.

Zubereitungszeit ca. 20 Min.
Portion ca. 550 kcal
E 19 g · F 28 g · KH 52 g

stets ein Renner

Heißhunger auf Pasta, Spätzle oder
Bratnudeln? Bei diesen Rezepten müssen Sie
auf den ersehnten Genuss nicht lange warten

Nudeln

Gratinierte Spätzle-Filet-Pfanne

Zutaten für 4 Personen:

- 400 g Spätzle
- Salz, weißer Pfeffer
- 500 g Schweinefilet
- 2–3 Tomaten
- 1 Zwiebel
- 1–2 EL Öl, 1 EL Tomatenmark
- 150 g Schlagsahne
- 1–2 TL klare Brühe
- Fett für die Förmchen
- 75–100 g geriebener mittelalter Gouda
- evtl. Basilikum zum Garnieren

1 Backofen vorheizen (E-Herd: 225 °C/Umluft: 200 °C/Gas: Stufe 4). Spätzle in kochendem Salzwasser ca. 15 Minuten garen. Schweinefilet waschen, trockentupfen und in ca. 12 Scheiben schneiden. Tomaten waschen und grob würfeln. Zwiebel schälen und fein würfeln.

2 Öl in einer großen Pfanne erhitzen. Medaillons darin von jeder Seite 1–2 Minuten braten. Würzen, herausnehmen.

3 Zwiebel im Bratfett andünsten. Tomaten zufügen und 2–3 Minuten schmoren. Tomatenmark einrühren, kurz anschwitzen. ¼ l Wasser, Sahne und Brühe einrühren, ca. 3 Minuten köcheln. Mit Salz und Pfeffer abschmecken. Spätzle abtropfen lassen und unter die Soße heben.

4 Spätzle in 4 gefettete Auflaufförmchen oder in eine große Form geben. Je 3 Medaillons darauflegen. Käse darüberstreuen. Im heißen Backofen ca. 10 Minuten überbacken. Mit Basilikum garnieren.
Getränk: kühles Bier.

Zubereitungszeit ca. 30 Min.
Portion ca. 540 kcal
E 42 g · F 28 g · KH 26 g

Nudeln

Penne mit Blitz-Gulasch

Zutaten für 4 Personen:

- 500 g Huftsteak
- 2 große Möhren
- 1 Stange Porree (Lauch)
- 1 Zwiebel
- 1 Dose (425 ml) kleine weiße Bohnenkerne
- Salz, schwarzer Pfeffer
- 1 EL Öl
- getrockneter Majoran
- 2 leicht gehäufte EL (30 g) Mehl
- 1 EL Tomatenmark
- 2 TL klare Fleischbrühe
- 300–400 g Nudeln (z. B. Penne)
- evtl. Majoran zum Garnieren

1 Fleisch waschen, trockentupfen und in kleine Würfel schneiden. Möhren schälen, waschen. Längs halbieren und in Stücke schneiden. Porree putzen, waschen und in Ringe schneiden. Zwiebel schälen und fein würfeln. Bohnen in einem Sieb abtropfen lassen.

2 Reichlich Salzwasser aufkochen. Öl in einer Pfanne erhitzen. Das Fleisch darin anbraten, mit Salz, Pfeffer und Majoran würzen. Zwiebel und Möhren zum Fleisch geben. Mit Mehl bestäuben. Tomatenmark, ½ l Wasser und Brühe einrühren, aufkochen und ca. 15 Minuten garen. Porree und Bohnen ca. 5 Minuten mitgaren.

3 Nudeln in reichlich kochendem Salzwasser ca. 8 Minuten garen. Nudeln abgießen und abtropfen lassen. Gulasch abschmecken und mit Penne anrichten. Mit Majoran garnieren. **Getränk:** kühler Weißwein.

Zubereitungszeit ca. 30 Min.
Portion ca. 630 kcal
E 48 g · F 11 g · KH 81 g

Nudeln

Feurige Spaghetti mit Garnelen

Zutaten für 4 Personen:

- **Salz**
- **250 g rohe Garnelen**
  (ohne Kopf und Schale)
- **3 Lauchzwiebeln**
- **1 Knoblauchzehe**
- **400–500 g Spaghetti**
- **3–4 EL Olivenöl**
- **2 TL Würzmischung oder**
  getrocknete italienische Kräuter

1 Für die Nudeln reichlich Salzwasser zum Kochen bringen. Garnelen kurz abspülen und trockentupfen. Lauchzwiebeln putzen, waschen und in schräge Stücke schneiden. Knoblauch schälen und fein hacken.

2 Spaghetti ins kochende Wasser geben und ca. 10 Minuten garen. Garnelen in 2 EL heißem Öl 3–4 Minuten rundherum braten. Knoblauch zufügen, mit Salz würzen. Garnelen aus der Pfanne nehmen.

3 1–2 EL Öl in der Pfanne erhitzen. Lauchzwiebeln kurz darin dünsten und die italienischen Kräuter zufügen.

4 Spaghetti gut abtropfen lassen. Sofort mit den Garnelen und dem Würzöl mischen.
Getränk: kühler Weißwein.

Zubereitungszeit ca. 25 Min.
Portion ca. 490 kcal
E 22 g · F 11 g · KH 72 g

Bratnudeln mit Rindfleisch

Zutaten für 3 Personen:

- 150 g asiatische Eiernudeln (Mie)
- Salz, schwarzer Pfeffer
- 1 mittelgroße Zwiebel
- 2 Knoblauchzehen
- 1 walnussgroßes Stück Ingwer
- 2 kleine Paprikaschoten
  (z. B. gelb und rot)
- 500 g Chinakohl
- 300 g Huft- oder Rumpsteak
- 1–2 EL Öl
- 5–7 EL Sojasoße
- evtl. Koriander zum Garnieren

1 Nudeln in reichlich kochendem Salzwasser 4–5 Minuten garen. Abgießen, abschrecken und sehr gut abtropfen lassen.

2 Zwiebel, Knoblauch und Ingwer schälen, fein würfeln. Paprika und Chinakohl putzen und waschen. Fleisch trockentupfen. Gemüse und Fleisch in Streifen schneiden.

3 Öl im Wok oder in einer großen Pfanne erhitzen. Fleisch darin portionsweise kräftig anbraten. Mit Salz und Pfeffer würzen, herausnehmen. Zwiebel, Knoblauch und Paprika im heißen Bratfett unter Rühren anbraten.

4 Nudeln, Chinakohl und Ingwer zugeben und 2–3 Minuten mitbraten. 5 EL Sojasoße und das gesamte Fleisch unterrühren. Mit Pfeffer und

evtl. etwas Sojasoße abschmecken. Mit Koriandergrün garnieren. **Getränk:** grüner Tee.

Zubereitungszeit ca. 30 Min.
Portion ca. 340 kcal
E 33 g · F 11 g · KH 24 g

Garzeiten beachten!

Je nach Rezeptur und Form haben Nudeln unterschiedliche Garzeiten. Die Spanne reicht von 2 Minuten, wie für frische Pasta und asiatische Reisnudeln, bis zu 15 Minuten, z. B. für Spätzle. Schauen Sie deshalb immer auch auf die Packungsangaben.

Nudeln

Fusilli mit pikanter Hacksoße

Zutaten für 4 Personen:

- **Salz, schwarzer Pfeffer**
- **1 Zwiebel**
- **2 kleine Paprikaschoten (z. B. grün und rot)**
- **1 Knoblauchzehe**
- **1 EL Öl**
- **400 g Rinderhack**
- **200 g Nudeln (z. B. Fusilli)**
- **2 EL Tomatenmark**
- **1 Dose (425 ml) Tomaten**
- **½ TL klare Brühe**
- **1 Dose (212 ml) Gemüsemais**
- **1 Dose (212 ml) Kidney-Bohnen**
- **Chilipulver**
- **2 Stiele Oregano**

1 Für die Nudeln reichlich Salzwasser aufkochen. Zwiebel schälen und fein würfeln. Paprika putzen, waschen und in kleine Würfel schneiden. Knoblauch schälen und fein hacken. Öl in einer Pfanne erhitzen und die Zwiebel andünsten. Hackfleisch dazugeben und ca. 5 Minuten anbraten.

2 Nudeln ins Salzwasser geben und ca. 8 Minuten garen. Tomatenmark, Knoblauch und Paprikawürfel zum Hack geben und 2–3 Minuten mit anbraten. Tomaten samt Saft und 100 ml Wasser zum Hack geben, Brühe einrühren und kurz köcheln.

3 Mais und Bohnen abtropfen lassen und zum Hack geben. Ca. 5 Minuten köcheln. Mit Salz, Pfeffer und etwas Chili abschmecken.

4 Nudeln abgießen und abtropfen lassen. Oregano waschen, trocken tupfen und die Blättchen grob hacken. Oregano in die Soße geben und mit den Nudeln anrichten.
Getränk: kühles Bier.

Zubereitungszeit ca. 30 Min.
Portion ca. 540 kcal
E 36 g · F 19 g · KH 53 g

Tortellini in Pilz-Sahne

Zutaten für 2–3 Personen:

- **Salz, weißer Pfeffer**
- **200 g Champignons**
- **1 Beutel (250 g) getrocknete Tortellini mit Steinpilzfüllung**
- **2 EL Öl**
- **1 Glas (370 ml) Pfifferlinge**
- **100 g Schlagsahne**
- **2 EL dunkler Soßenbinder**
- **½ Bund Schnittlauch**

Zubereitungszeit ca. 25 Min.
Portion ca. 580 kcal
E 16 g · F 28 g · KH 62 g

1 Reichlich Salzwasser aufkochen. Champignons putzen, waschen und je nach Größe halbieren oder vierteln. Tortellini im kochenden Wasser 15–20 Minuten garen.

2 Öl in einer Pfanne erhitzen. Die Champignons darin unter Wenden hellbraun anbraten. Pfifferlinge gut abtropfen lassen, kurz mitbraten. Mit Salz und Pfeffer würzen.

3 Pilze mit 300 ml Wasser ablöschen. Sahne zugießen und den Soßenbinder einrühren. Unter Rühren aufkochen und dann bei schwacher Hitze ca. 5 Minuten köcheln.

4 Soße abschmecken. Schnittlauch waschen, fein schneiden und zufügen. Tortellini gut abtropfen lassen und sofort mit der Soße anrichten. **Getränk:** trockener Rotwein.

Spaghetti mit Bohnen-Schinken-Soße

Zutaten für 4 Personen:

- 400 g Spaghetti
- Salz
- 2 große Fleischtomaten
- 1 mittelgroße Zwiebel
- 1 Glas (750 ml) dicke Bohnen
- 1 EL Butter/Margarine
- 1 ½ TL Hühnerbrühe
- 1 EL mittelscharfer Senf
- 100 g Schlagsahne
- ½ TL getrocknetes Bohnenkraut
- 200 g gewürfelter Katenschinken
- 2–3 EL heller Soßenbinder
- Pfeffer
- evtl. Petersilie zum Garnieren

1 Spaghetti in reichlich kochendem Salzwasser bissfest garen. Tomaten kurz in kochendes Wasser geben. Abschrecken, Haut abziehen und die Tomaten würfeln. Zwiebel schälen und fein hacken.

2 Bohnen in einem Sieb abtropfen lassen. Fett in einem Topf erhitzen, Zwiebel- und Tomatenwürfel darin andünsten. 375 ml Wasser zugießen, Brühe einrühren und aufkochen. Bohnen, Senf, Sahne und Bohnenkraut zufügen. Alles 5 Minuten bei schwacher Hitze garen.

3 Schinken in Würfel schneiden und in die Soße geben. Mit Soßenbinder andicken und mit Salz und Pfeffer abschmecken. Spaghetti abgießen und abtropfen lassen. Mit der Soße anrichten und mit Petersilie garnieren.
Getränk: kühler Roséwein.

Zubereitungszeit ca. 20 Min.
Portion ca. 760 kcal
E 29 g · F 32 g · KH 84 g

Tortelloni mit Kräuter-Champignons

Zutaten für 2–3 Personen:

- Salz, weißer Pfeffer
- 250 g Champignons
- 1 mittelgroße Zwiebel
- 400 g frische Tortelloni (Kühlregal)
- 1 EL Öl
- 1–2 TL Mehl
- 100 g Schlagsahne
- ½ Bund Basilikum
- 125 g Mozzarella
- 1–2 EL geriebener Parmesan
- evtl. Basilikum zum Garnieren

1 Backofen vorheizen (E-Herd: 225 °C/Umluft: 200 °C/Gas: Stufe 4). Reichlich Salzwasser aufkochen. Pilze putzen, waschen und in Scheiben schneiden. Zwiebel schälen und fein würfeln. Tortelloni im kochenden Wasser ca. 2 Minuten garen. Dann abtropfen lassen.

2 Zwiebel und Pilze im heißen Öl anbraten. Mit Salz und Pfeffer würzen. Mit Mehl bestäuben und kurz anschwitzen. ¼ l Wasser und Sahne angießen, aufkochen. Mit Salz und Pfeffer abschmecken. Basilikum waschen, trocken schütteln und, bis auf einige Blättchen zum Garnieren, in Streifen schneiden. In die Soße geben.

3 Tortelloni in eine Auflaufform geben und Soße darübergießen. Mozzarella fein würfeln. Mozzarella und Parmesan über die Tortelloni streuen. Im heißen Backofen 8–10 Minuten überbacken. Mit Basilikum garnieren.
Getränk: kühler Weißwein.

Zubereitungszeit ca. 30 Min.
Portion ca. 510 kcal
E 24 g · F 24 g · KH 45 g

Kurz gebraten –

Schnitzel, Kotelett & Co. lassen sich raffiniert
zubereiten und sind ruck, zuck gar.
Salat oder Gemüse und Brot dazu – fertig!

gut beraten

Salbei-Schnitzel mit glasierten Möhren

Zutaten für 4 Personen:

- 600 g Möhren
- 2 mittelgroße Zwiebeln
- 2–3 EL Öl
- Salz, Pfeffer
- 1–2 TL Zucker
- 4 Schweineschnitzel (à ca. 150 g)
- 4–6 Stiele Salbei
- 8 gestrichene TL körniger Senf
- 2 EL Pinienkerne
  oder Mandelstifte
- 3 EL Balsamico-Essig
- evtl. Petersilie zum Garnieren

1 Möhren schälen, waschen und in schräge Scheiben schneiden. Zwiebeln schälen, würfeln. In 1 EL heißem Öl andünsten. Mit Salz, Pfeffer und Zucker würzen. Möhren darin rundum glasieren. Mit gut ⅛ l Wasser ablöschen. Aufkochen, zugedeckt 8–10 Minuten dünsten.

2 Fleisch waschen, trockentupfen und halbieren. In jedes Schnitzel eine Tasche schneiden. Salbei waschen, Blättchen abzupfen. Schnitzel mit je 1 TL Senf und 2 Salbeiblättchen füllen.

3 Die Pinienkerne in einer Pfanne ohne Fett goldbraun rösten, herausnehmen. 1–2 EL Öl erhitzen. Schnitzel darin 3–4 Minuten pro Seite braten. Kurz vor Ende der Bratzeit Rest Salbei zufügen, mitbraten. Mit Salz und Pfeffer würzen.

4 Möhren mit Salz, Pfeffer und Essig abschmecken. Alles anrichten, Pinienkerne über die Möhren streuen und mit Petersilie garnieren. Evtl. Bratensatz mit etwas Wasser lösen und über das Fleisch träufeln. Dazu schmeckt knuspriges Baguette.
Getränk: kühler Roséwein.

Zubereitungszeit ca. 30 Min.
Portion ca. 380 kcal
E 35 g · F 21 g · KH 9 g

Schweinekoteletts mit Kartoffel-Gurken-Salat

Zutaten für 2 Personen:

- **500 g Kartoffeln**
- **1 mittelgroße Zwiebel**
- **4 EL Öl**
- **2 TL klare Brühe**
- **Salz, weißer Pfeffer**
- **2 Schweinekoteletts (à ca. 175 g)**
- **½ Bund Radieschen**
- **1 kleine Salatgurke**
- **2–3 Stiele Petersilie**
- **3 EL Weißwein-Essig**
- **bunter Pfeffer zum Bestreuen**

1 Kartoffeln schälen, waschen und in ca. ½ cm dicke Scheiben schneiden. Zwiebel schälen und fein würfeln. 3 EL Öl in einer Pfanne erhitzen und Zwiebel darin andünsten. Kartoffeln und Brühe zufügen, ca. 10 Minuten köcheln. Mit Salz und Pfeffer würzen.

2 Inzwischen Koteletts waschen, trockentupfen, mit Salz und Pfeffer würzen. 1 EL Öl in einer Pfanne erhitzen und die Koteletts darin unter Wenden ca. 10 Minuten braten.

3 Radieschen putzen, waschen und in dünne Scheiben schneiden. Gurke putzen, schälen, halbieren und die Kerne entfernen. Fruchtfleisch in Scheiben schneiden. Petersilie waschen, trockentupfen, Blättchen abzupfen und fein hacken.

4 Kartoffeln mit Essig abschmecken, mit Gurken, Radieschen und Petersilie mischen. Kartoffelsalat und Koteletts auf einer Platte anrichten und mit buntem Pfeffer bestreuen. **Getränk:** kühles Bier.

Zubereitungszeit ca. 30 Min.
Portion ca. 570 kcal
E 41 g · F 29 g · KH 33 g

Extra-Tipp

Koteletts und Steaks wölben sich beim Braten nicht, wenn Sie den Fettrand vorher mehrmals einschneiden.

Würzige Spieße zu Curryreis

Zutaten für 4 Personen:

- 1 mittelgroße Zwiebel
- 3 EL + etwas Öl
- 250 g Reis (z. B. Basmati)
- 3 EL Erdnusskerne
- 2 TL Curry, Salz, Pfeffer
- 4 dünne Schweineschnitzel (à ca. 150 g)
- 4 EL Sojasoße
- 1–2 EL Zitronensaft
- ca. ½ TL Sambal Oelek
- 2 EL flüssiger Honig
- 1 Packung (400 g) TK-„Asia-Wok-Mix"
- 100 g Schlagsahne
- 12 Holzspieße

1 Den Backofen vorheizen (E-Herd: 225 °C/Umluft: 200 °C/Gas: Stufe 4). Zwiebel schälen und fein würfeln. In 1 EL heißem Öl im Topf andünsten. Reis und Erdnüsse kurz mit andünsten. Curry darüberstäuben und kurz mit anschwitzen.

2 Mit gut 600 ml Wasser ablöschen, etwas Salz zufügen. Reis aufkochen und zugedeckt bei milder Hitze ca. 20 Minuten ausquellen lassen.

3 Schnitzel waschen, trockentupfen. Längs in je 3 Streifen schneiden. Je 1 Schnitzelstreifen der Länge nach wellenförmig auf 1 Spieß stecken. Alle Spieße nebeneinander auf ein leicht geöltes Backblech legen.

4 Sojasoße, Zitronensaft, 2 EL Öl, Sambal und Honig verrühren. Fleisch damit bestreichen. Im heißen Ofen zunächst ca. 10 Minuten braten. Spieße wenden, nochmals bestreichen. Weitere 8–10 Minuten braten.

5 Asia-Gemüse unaufgetaut 5–7 Minuten vor Ende der Garzeit zum Reis geben, 6–8 EL Wasser und Sahne zugießen. Zu Ende garen und abschmecken. Spieße evtl. mit Salz würzen. Alles anrichten.
Getränk: kühles Bier.

Zubereitungszeit ca. 30 Min.
Portion ca. 480 kcal
E 30 g · F 19 g · KH 44 g

Kurzgebratenes

Rindfleisch „Szechuan Art"

Zutaten für 4 Personen:

- **2 Möhren**
- **2 Stangen Staudensellerie**
- **1–2 Lauchzwiebeln**
- **1 rote Chilischote**
- **500 g Huftsteak, 3 EL Öl**
- **1 walnussgroßes Stück frischer Ingwer**
- **1 TL Szechuan-Pfeffer**
- **1 gestrichener EL Speisestärke**
- **3 gestrichene EL Zucker, Salz**
- **3 EL Reis-Essig (ersatzw. Weißwein-Essig)**
- **5 EL Reiswein, evtl. 2 EL Sesamöl**

1 Gemüse schälen bzw. putzen, waschen und klein schneiden. Chili längs einritzen, entkernen, waschen und hacken. Fleisch waschen, trocken tupfen, in feine Streifen schneiden.

2 Öl portionsweise im Wok oder in einer großen Pfanne erhitzen. Fleisch darin portionsweise anbraten. Ingwer schälen und fein schneiden. Fleisch aus dem Wok nehmen und den Szechuan-Pfeffer im Bratfett rösten. Gemüse, Ingwer und Chili zugeben und bei starker Hitze unter Rühren 3–4 Minuten braten. Mit ca. ¼ l Wasser ablöschen und aufkochen.

3 Stärke, Zucker, ca. 1 TL Salz, Essig und Wein glatt rühren. Unter das Gemüse rühren, aufkochen und kurz köcheln. Fleisch darin erhitzen. Mit Sesamöl abschmecken. Dazu passt Langkornreis.
Getränk: kühles Bier.

Zubereitungszeit ca. 30 Min.
Portion ca. 320 kcal
E 28 g · F 16 g · KH 12 g

Wussten Sie, dass

Szechuan-Pfeffer gar kein richtiger Pfeffer ist? Er gehört zur „Großfamilie" der Zitrusfrüchte und hat ein kräftiges zitronig-scharfes Aroma. Szechuan-Pfeffer gibt's in Asialäden. Wer keinen bekommt, würzt mit Zitronenschale und Pfeffer oder nimmt Zitronen-Pfeffer.

Rosmarin-Lamm mit Salat

Zutaten für 4 Personen:

- 1 kleine Salatgurke
- 600 g Tomaten, 1 Zwiebel
- 3–4 Stiele frischer oder
  ½ TL getrockneter Oregano
- 1 kleiner Zweig Rosmarin
- 4 EL Balsamico-Essig
- Salz, schwarzer Pfeffer, Zucker
- 4–5 EL Olivenöl
- 100 g Oliven (z. B. grüne u. schwarze)
- 4 Lammlachse
  (ausgelöster Lammrücken; à 150 g)
- 2 Knoblauchzehen
- 5 EL Rotwein
- ½ TL Gemüsebrühe
- 1 TL Tomatenmark
- 1 EL dunkler Soßenbinder
- ½ Fladenbrot

1 Gurke putzen, waschen, in dünne Scheiben schneiden. Tomaten waschen und achteln. Zwiebel schälen und in halbe Ringe schneiden. Kräuter waschen und abzupfen bzw. fein hacken.

2 Essig, Salz, Pfeffer, 1 Prise Zucker und Oregano verrühren. 3–4 EL Öl nach und nach darunterschlagen. Marinade mit Gurke, Zwiebel, Tomaten und Oliven mischen.

3 Fleisch waschen, trockentupfen. In 1 EL heißem Öl rundherum 8–10 Minuten braten. Knoblauch schälen und in Scheiben schneiden. Knoblauch und Rosmarin kurz mitbraten. Fleisch würzen und an den Pfannenrand schieben.

4 Den Bratensatz mit Rotwein und ⅛ l Wasser ablöschen. Brühe und Tomatenmark einrühren, aufkochen. Soße binden, mit Salz, Pfeffer und 1 Prise Zucker abschmecken. Alles anrichten. Fladenbrot dazureichen. **Getränk:** trockener Rotwein.

Zubereitungszeit ca. 30 Min.
Portion ca. 530 kcal
E 39 g · F 20 g · KH 43 g

Gyros „spezial" mit Paprika

Zutaten für 4 Personen:

- 2 große Paprikaschoten (z. B. rot)
- 150 g kleine Champignons
- 2 EL Öl
- 600–750 g Schweinegeschnetzeltes „Gyros-Art"
- evtl. 2–3 EL Weinbrand
- 2 EL Tomatenmark
- 2 EL Schmand oder Crème fraîche
- 100 g geriebener Käse (z. B. mittelalter Gouda)
- evtl. frische Kräuter zum Garnieren

1 Den Backofen auf 200 °C (Umluft: 175 °C/Gas: Stufe 3) vorheizen. Inzwischen Paprika putzen, waschen und klein schneiden. Pilze putzen und waschen. Große Champignons evtl. halbieren oder vierteln.

2 Öl in einer weiten Pfanne erhitzen. Paprika und Pilze darin ca. 3 Minuten rundum anbraten und herausnehmen. Fleisch portionsweise im Bratfett 5–6 Minuten kräftig anbraten. Anschließend gesamtes Fleisch,

Paprika und Pilze wieder in die Pfanne geben. Weinbrand und Tomatenmark einrühren und alles aufkochen. Schmand unterrühren.

3 Gyros in eine Auflaufform füllen. Mit Käse bestreuen und im Backofen ca. 10 Minuten goldgelb überbacken. Mit Kräutern garnieren. Dazu schmeckt Fladenbrot. **Getränk:** kühles Bier.

Zubereitungszeit ca. 30 Min.
Portion ca. 330 kcal
E 42 g · F 15 g · KH 4 g

Roastbeef-Rouladen mit Erdnussbutter

Zutaten für 4 Personen:

- 250 g TK-Prinzessbohnen
- Salz, schwarzer Pfeffer
- 1 kleine Zwiebel
- 2 EL gesalzene Erdnüsse
- 2–3 Lauchzwiebeln
- ½ Bund Koriander oder Petersilie
- 8 dünne Scheiben (à ca. 75 g) Roastbeef (vom Fleischer schneiden lassen)
- 5 EL cremige Erdnussbutter
- 2 EL Öl
- 1 TL Gemüsebrühe
- 1 EL Butter/Margarine
- 1–2 EL dunkler Soßenbinder
- 8 Holzspießchen

1 Bohnen in gut ¼ l kochendem Salzwasser ca. 10 Minuten zugedeckt dünsten. Inzwischen Zwiebel schälen und fein würfeln. Erdnüsse grob hacken und in einer Pfanne ohne Fett rösten. Herausnehmen.

2 Lauchzwiebeln putzen, waschen und in 8 Stücke schneiden. Koriander waschen und von den Stielen zupfen. Roastbeefscheiben trockentupfen. Mit wenig Salz und Pfeffer würzen, mit je ½ EL Erdnussbutter bestreichen. Je 1 Stück Lauchzwiebel darauflegen und aufrollen. Mit Holzspießchen feststecken. Einige Rouladen mit Koriander belegen.

3 Öl in einer Pfanne erhitzen. Rouladen darin rundherum kräftig anbraten. Mit gut 200 ml Wasser ablöschen, aufkochen. Brühe und 1 EL Erdnussbutter einrühren. Zugedeckt ca. 5 Minuten schmoren.

4 Bohnen abtropfen lassen. Fett erhitzen. Zwiebel darin andünsten. Bohnen und Erdnüsse zugeben, darin schwenken. Rouladenfond mit Soßenbinder andicken und abschmecken. Alles anrichten. Mit Rest Koriander garnieren. Dazu passt frisches Baguette.
Getränk: trockener Rotwein.

Zubereitungszeit ca. 30 Min.
Portion ca. 430 kcal
E 41 g · F 24 g · KH 9 g

Kalbsgeschnetzeltes mit grünen Oliven

Zutaten für 4 Personen:

- 600 g Kalbsschnitzel
- 2 EL Olivenöl
- Salz
- schwarzer Pfeffer
- 2 Zwiebeln
- 100 g paprikagefüllte Oliven
- 3–4 Stiele Salbei
- 1 EL Butter
- 1–2 Lorbeerblätter
- 1 Glas (400 ml) Kalbsfond
- 3–4 EL Limettensaft
- evtl. Bio-Limette zum Garnieren

1 Fleisch waschen und trockentupfen. In feine Streifen schneiden. Öl in einer großen Pfanne erhitzen und Fleisch darin in zwei Portionen bei starker Hitze kurz anbraten (es sollte innen noch leicht rosa sein). Dann mit Salz und Pfeffer würzen. Herausnehmen und warm stellen.

2 Inzwischen Zwiebeln schälen und fein würfeln. Oliven halbieren. Salbei waschen, trockentupfen und von den Stielen zupfen. Butter zum Bratfett in die Pfanne geben und erhitzen. Zwiebeln kurz darin andünsten.

3 Lorbeerblätter und Hälfte Salbei zufügen, mit Fond und Limettensaft ablöschen, aufkochen und bei schwacher Hitze 8–10 Minuten einkochen. Oliven zufügen, nochmals mit Salz und Pfeffer abschmecken. Soße über das Fleisch geben, mit restlichen Salbeiblättern und Limettenscheiben garnieren. Dazu schmeckt Baguette. **Getränk:** kühler Weißwein.

Zubereitungszeit ca. 30 Min.
Portion ca. 350 kcal
E 30 g · F 24 g · KH 2 g

Schnitzel in Kartoffelkruste

Zutaten für 4 Personen:

- 400 g große festkochende Kartoffeln
- 100 g geriebener Gouda (z. B. mittelalter)
- 4–5 EL Paniermehl
- Salz, Pfeffer
- 4 dünne Schweineschnitzel (à ca. 150 g)
- 3–4 EL Öl
- 2 Eier
- 3–4 EL Mehl
- 1 Spitzkohl (ca. 750 g)
- 1 Tomate
- 1 Zwiebel
- 1 EL Butter/Margarine
- ½ TL Gemüsebrühe
- evtl. Oregano zum Garnieren

1 Kartoffeln schälen, waschen und grob raspeln. Raspel in einem Sieb gut ausdrücken. Mit Käse, Paniermehl, Salz und Pfeffer mischen. Fleisch waschen, trockentupfen und etwas flach klopfen.

2 Öl in einer großen beschichteten Pfanne erhitzen. Eier verquirlen. Schnitzel erst im Mehl, dann im Ei und zuletzt in der Kartoffelmasse wenden. Panade gut andrücken. Schnitzel im heißen Öl bei schwacher bis mittlerer Hitze pro Seite 6–8 Minuten braten.

3 Inzwischen Spitzkohl putzen, waschen und in breite Streifen schneiden. Tomate waschen, vierteln und evtl. entkernen. Zwiebel schälen. Beides fein würfeln.

4 Zwiebel im heißen Fett andünsten. Kohl, ca. 100 ml Wasser und Brühe zufügen. Aufkochen und zugedeckt 5–7 Minuten garen. Tomate kurz mitdünsten. Mit Salz und Pfeffer abschmecken. Alles anrichten und mit Oregano garnieren.
Getränk: kühler Weißwein.

Zubereitungszeit ca. 30 Min.
Portion ca. 540 kcal
E 53 g · F 22 g · KH 30 g

Diese Salate

Bunter Salat mit Putenstreifen

Zutaten für 4 Personen:

- 500 g Putenbrust
- 3 EL Öl (z. B. Olivenöl)
- Salz, weißer Pfeffer, Zucker
- 1 Bio-Limette oder -Zitrone
- 300 g Vollmilch-Joghurt
- 1 Lollo rosso
- 1 Lollo bianco
- ca. 50 g Rucola (Rauke)
- 400 g Kirschtomaten
- 1 Bund Lauchzwiebeln

1 Fleisch waschen, trockentupfen und in Streifen schneiden. 2 EL Öl in einer beschichteten Pfanne erhitzen. Fleisch darin ca. 5 Minuten braten. Mit Salz und Pfeffer würzen.

2 Limette heiß waschen, trocken-reiben und Schale abreiben. Limette auspressen. Saft und Schale mit Joghurt und 1 EL Öl verrühren. Mit Salz, Pfeffer und 1 Prise Zucker abschmecken.

3 Salate putzen, waschen und in mundgerechte Stücke zupfen. Tomaten waschen und halbieren. Lauchzwiebeln putzen, waschen und in Ringe schneiden. Alles mischen. Mit Putenstreifen und Joghurtsoße anrichten. Dazu schmecken Vollkorn-Brötchen. **Getränk:** kühles Mineralwasser oder Roséwein.

Zubereitungszeit ca. 20 Min.
Portion ca. 290 kcal
E 35 g · F 12 g · KH 9 g

Qualität spart Zeit
Achten Sie schon beim Salateinkauf auf Qualität. Denn knackfrische Ware ist viel schneller geputzt als halb-schlapper Salat. Und schmecken tut's auch besser!

machen an

Ob knackiger Blattsalat als leichter Snack oder handfester Nudelsalat für den großen Hunger – hier findet jeder seinen Lieblingsmix!

Salate

Pikanter Nudelsalat

Zutaten für 3–4 Personen:

- 150 g Nudeln (z. B. Hörnchen)
- Salz, weißer Pfeffer
- 1 Dose (425 ml) Kidney-Bohnen
- 1 Dose (446 ml) Ananas
- 3 Gewürzgurken (Glas)
- 1 Bund Lauchzwiebeln
- 200 g Fleischwurst
- 150 g fettarmer Joghurt
- 125 g leichte Salatcreme
- 2 EL Weinbrand
- 1 ½ TL Curry
- 2–3 Scheiben Frühstücksspeck
  (Bacon)
- evtl. Petersilie zum Garnieren

1 Nudeln in reichlich kochendem Salzwasser ca. 10 Minuten bissfest garen. Bohnen abspülen, abtropfen lassen. Ananas abtropfen lassen, Saft auffangen. Ananas in kleine Stücke, Gurken in dünne Scheiben schneiden. Lauchzwiebeln putzen, waschen und in Ringe schneiden. Wurst häuten, in Streifen schneiden.

2 Nudeln abgießen, kalt abspülen und abtropfen lassen. Joghurt, Salatcreme, Weinbrand, 3–4 EL Saft, Curry, etwas Salz und Pfeffer verrühren. Vorbereitete Zutaten und die Nudeln mit der Soße mischen. Kurz ziehen lassen.

3 Inzwischen Speck halbieren und in einer Pfanne knusprig auslassen. Salat mit Ananassaft, Salz und Pfeffer abschmecken. Mit Speck bestreuen und mit Petersilie garnieren. **Getränk:** kühles Bier.

Zubereitungszeit ca. 25 Min.
Portion ca. 550 kcal
E 19 g · F 26 g · KH 53 g

Resteverwertung
Für diesen Salat können Sie auch prima Nudeln vom Vortag verwenden. Sie brauchen dann ca. 300 g gekochte Nudeln.

Radieschen-Wurst-Salat

Zutaten für 4 Personen:

- 2 Bund Radieschen
- 2 rote Zwiebeln
- 5–6 Gewürzgurken (Glas)
- 4 Wiener Würstchen
- etwas Schnittlauch
- 3 EL Apfelessig
- Salz, Pfeffer, Zucker
- 3–4 EL Öl

1 Radieschen putzen und waschen. Zwiebeln schälen. Radieschen, Zwiebeln, Gurken und Würstchen in dünne Scheiben schneiden. Schnittlauch waschen und in feine Röllchen schneiden.

2 Essig, Salz, Pfeffer und 1 Prise Zucker verrühren. Öl kräftig darunterschlagen. Mit den Salatzutaten mischen. Dazu schmeckt frisches Bauernbrot.
Getränk: kühles Mineralwasser oder Bier.

Zubereitungszeit ca. 20 Min.
Portion ca. 380 kcal
E 13 g · F 32 g · KH 7 g

Gut zu wissen

Radieschen sollten fest und prall, die Blätter frisch und saftig sein. Geplatzte Radieschen und sehr große Exemplare besser links liegen lassen – sie sind meist schwammig. Damit das Gemüse auch frisch bleibt, gleich nach dem Einkauf das Grün entfernen. Die Knollen in einen Frischhaltebeutel geben und im Gemüsefach des Kühlschranks aufbewahren. Freiland-Radieschen schmecken übrigens schärfer als Treibhausware.

Salate

Caesar Salad mit Joghurt-Dressing

Zutaten für 4 Personen:

- 4 Eier
- ca. 150 g Ciabatta
- 4 Scheiben Frühstücksspeck (Bacon)
- 2 EL weißer Balsamico-Essig
- Salz, Pfeffer, Zucker
- 3–4 EL Olivenöl
- ½ Bund Lauchzwiebeln
- 1 kleiner Römersalat
- 125 g Rucola (Rauke)
- 40 g Parmesan (Stück)
- 250 g fettarmer Joghurt
- 1 TL Zitronensaft
- 1 Knoblauchzehe

1 Eier ca. 8 Minuten wachsweich kochen. Inzwischen Ciabatta in ca. 8 dünne Scheiben schneiden. Speck in einer beschichteten Pfanne ohne Fett knusprig braten. Herausnehmen und auf Küchenpapier abtropfen. Brot im Speckfett goldbraun rösten.

2 Eier abschrecken, schälen und abkühlen lassen. Essig, Salz, Pfeffer und 1 Prise Zucker verrühren. 2–3 EL Öl darunterschlagen. Lauchzwiebeln und Salate putzen und waschen. Lauchzwiebeln in Ringe schneiden, Salate etwas kleiner zupfen. Beides mit der Marinade mischen.

3 Speck zerbröckeln. Hälfte Parmesan reiben und den Rest mit dem Sparschäler in dünne Späne hobeln. Joghurt, Zitronensaft, den geriebenen Parmesan und 1 EL Öl verrühren.

Knoblauch schälen und direkt hineinpressen. Die Soße abschmecken.

4 Joghurt-Dressing unter den Salat heben. Eier halbieren und darauf anrichten. Mit Speck und Parmesanspänen bestreuen. Mit gerösteten Ciabatta-Scheiben garnieren. **Getränk:** kühles Bier.

Zubereitungszeit ca. 30 Min.
Portion ca. 380 kcal
E 18 g · F 21 g · KH 28 g

Nudelsalat mit Thunfisch & Ei

Zutaten für 8 Personen:

- 500 g Nudeln (z. B. Fussili)
- Salz, Pfeffer, Zucker
- 4 Eier
- 500 g Broccoli
- 2 Dosen (à 210 ml) Thunfisch
- 1 Bund/Töpfchen Basilikum
- 250 g Salat-Mayonnaise
- 300 g Vollmilch-Joghurt
- 1–2 Knoblauchzehen
- etwas Zitronensaft
- 2 EL Kapern (Glas)
- 250 g Kirschtomaten
- 50 g schwarze Oliven

1 Nudeln in reichlich kochendem Salzwasser ca. 10 Minuten bissfest garen. Eier hart kochen. Broccoli putzen, waschen und in kleine Röschen teilen. Zugedeckt in wenig kochendem Salzwasser 3–4 Minuten bissfest garen.

2 Eier abschrecken, schälen und abkühlen lassen. Nudeln abgießen, kalt abspülen, Broccoli kurz in kaltes Wasser tauchen. Beides abtropfen lassen. Thunfisch abtropfen lassen und klein zupfen. Basilikum waschen und in Streifen schneiden.

3 Mayonnaise und Joghurt verrühren. Knoblauch schälen, durch die Knoblauchpresse direkt in den Joghurt pressen. Mit Salz, Pfeffer, Zitronensaft und etwas Zucker abschmecken. Thunfisch, Kapern und Basilikum unterrühren.

4 Tomaten waschen und halbieren. Eier achteln. Beides mit Nudeln, Broccoli, Oliven und der Soße mischen. Alles kräftig abschmecken. **Getränk:** kühler Roséwein.

Zubereitungszeit ca. 30 Min.
Portion ca. 570 kcal
E 23 g · F 29 g · KH 51 g

Salate

Sommersalat mit Geflügelleber

Zutaten für 4 Personen:

- 1–2 Knoblauchzehen
- 300 g Vollmilch-Joghurt
- 200 g Schmand oder stichfeste saure Sahne
- 2 TL Zitronensaft
- Salz, Pfeffer, etwas Zucker
- 1 kleine Gemüsezwiebel
- 1 kleiner Kopf grüner Salat (z. B. Römersalat)
- 3–4 Tomaten
- 200 g Putenleber
- 1 EL Öl
- 2–3 Stiele Minze oder Petersilie
- 8–10 kleine Peperoni (Glas)

1 Knoblauch schälen und fein hacken. Mit Joghurt, Schmand und Zitronensaft verrühren. Mit Salz, Pfeffer und Zucker abschmecken.

2 Zwiebel schälen und in feine Spalten schneiden. Salat putzen, waschen und abtropfen lassen. In Streifen schneiden. Tomaten waschen und in Spalten schneiden.

3 Leber waschen, trockentupfen und in Würfel schneiden. Öl in einer Pfanne erhitzen. Leber darin rundherum 4–5 Minuten braten. Dann mit Salz und Pfeffer würzen.

4 Minze waschen und abzupfen. Blättchen in feine Streifen schneiden. Salat, Tomaten, Zwiebel und Peperoni auf einer Platte mischen. Leber und ¾ der Minze darüber verteilen. Übrige Minze auf die Knoblauchsoße streuen und dazureichen. Dazu passt Baguette.
Getränk: kühler Weißwein.

Zubereitungszeit ca. 30 Min.
Portion ca. 290 kcal
E 17 g · F 18 g · KH 12 g

Orientalischer Couscous-Salat

Zutaten für 4 Personen:

- 1 Zwiebel, 1 Knoblauchzehe
- 4 EL Olivenöl
- 1 Msp. Kreuzkümmel
- 1 TL Kurkuma
- 1–2 TL Gemüsebrühe
- 250 g Couscous (Hartweizengrieß)
- 1 EL Butter
- 5 EL Orangensaft
- 1 TL Senf
- ½ Salatgurke
- 2 Paprikaschoten (z. B. rot und gelb)
- 50 g Kürbiskerne
- 1 Bund/Töpfchen Minze
- 200 g Feta oder Schafskäse

1 Zwiebel und Knoblauch schälen. Zwiebel fein würfeln. Knoblauch durch eine Knoblauchpresse drücken.

2 1 EL Öl in einem weiten Topf erhitzen. Zwiebel, Knoblauch, Kreuzkümmel und Kurkuma darin anschwitzen. Alles mit 400 ml Wasser ablöschen und Brühe einrühren, aufkochen. Couscous einstreuen und 2 Minuten quellen lassen. Butter in Flöckchen zugeben und alles bei geringer Hitze 3 Minuten köcheln. Abkühlen lassen.

3 Inzwischen Orangensaft und Senf verrühren. 3 EL Öl darunterschlagen. Gurke waschen und in feine Würfel schneiden. Paprika putzen, waschen und ebenfalls fein würfeln.

4 Kürbiskerne in einer Pfanne ohne Fett rösten. Minze waschen und Blättchen, bis auf einige zum Garnieren, von den Stielen zupfen. Blättchen fein hacken.

5 Vinaigrette unter das Couscous rühren. Paprika, Gurke, Minze und Kürbiskerne unterheben. Feta zerbröseln und darüberstreuen. Mit übriger Minze garnieren.
Getränk: kühler Weißwein.

Zubereitungszeit ca. 30 Min.
Portion 560 kcal
E 16 g · F 35 g · KH 41 g

Salate

Lauwarmer Tortelloni-Salat

Zutaten für 4 Personen:

- 2 Packungen (à 250 g) Tortelloni (Kühlregal)
- Salz, Pfeffer
- 3 EL leichte Salatcreme
- 200 g Schmand oder stichfeste saure Sahne
- einige Spritzer Zitronensaft
- 1 Bund Schnittlauch
- je 200 g Kirschtomaten (z. B. gelbe und rote)
- 1 Salatgurke
- 150 g Cabanossi
- 1 EL Öl
- 100 g Rucola (Rauke)
- 50 g kleine schwarze Oliven
- evtl. rosa Beeren zum Garnieren

1 Tortelloni in kochendem Salzwasser nach Packungsanweisung zubereiten. Abtropfen und abkühlen lassen. Salatcreme und Schmand verrühren. Mit Salz, Pfeffer und Zitronensaft würzen. Schnittlauch waschen, in feine Röllchen schneiden und unter die Creme heben.

2 Tomaten waschen und evtl. halbieren. Gurke putzen, waschen und längs einige dünne Scheiben abhobeln. Rest in Stücke schneiden. Wurst in Scheiben schneiden.

3 Öl in einer Pfanne erhitzen. Wurst darin kurz anbraten. Herausnehmen. Tomaten ins Bratfett geben und kurz andünsten. Rucola putzen, waschen und trockentupfen. Tortelloni und Hälfte Salatcreme mischen. Gurkenstücke, Tomaten, Rucola und Wurst

unterheben. Mit den Gurkenscheiben anrichten. Übrige Salatcreme darauf verteilen. Mit Oliven bestreuen und mit rosa Beeren garnieren.
Getränk: kühler Weißwein.

Zubereitungszeit ca. 30 Min.
Portion ca. 750 kcal
E 27 g · F 41 g · KH 64 g

Schnelle Pasta
Im Kühlregal des Supermarkts finden Sie ein breites Sortiment an frischen Nudeln. Ihr großes Plus: Sie sind meist in nur 2 Minuten gar. Tortelloni gibt es mit unterschiedlichen Füllungen, z. B. mit Spinat und Ricotta oder mit Fleisch. Wählen Sie für diesen Salat einfach Ihre Lieblingssorte.

Schichtsalat mit Schafskäse-Creme

Zutaten für 3–4 Personen:

- 500–600 g Porree (Lauch)
- Salz, weißer Pfeffer
- 2 Paprikaschoten (z. B. rot und gelb)
- 3 EL Zitronensaft
- Zucker
- 3–4 EL Öl (z. B. Olivenöl)
- 150 g Feta oder Schafskäse
- 250 g Joghurt (z. B. griechischer)
- 2 Knoblauchzehen
- 75 g schwarze Oliven

1 Porree putzen, waschen und in feine Ringe schneiden. In kochendem Salzwasser 1–2 Minuten blanchieren. Abschrecken, abtropfen und abkühlen lassen. Paprika putzen, waschen und in feine Streifen schneiden.

2 Zitronensaft, Salz, Pfeffer und 1 Prise Zucker verrühren. 2–3 EL Öl darunterschlagen. Porree, Paprika und Marinade mischen.

3 Feta zerbröckeln und unter den Joghurt rühren. Mit Pfeffer abschmecken. Knoblauch schälen und in dünne Scheiben schneiden. In 1 EL heißem Öl goldgelb rösten und auf Küchenpapier abtropfen lassen.

4 Mariniertes Gemüse und Joghurt abwechselnd in Gläser schichten. Mit Oliven und Knoblauch bestreuen. Etwas ziehen lassen. Evtl. übrigen Joghurt dazureichen. Dazu schmeckt frisches Fladenbrot.
Getränk: kühles Bier.

Zubereitungszeit ca. 30 Min.
Portion ca. 300 kcal
E 13 g · F 22 g · KH 10 g

Besser blanchieren
Im Gegensatz zu den kräftigen Herbst- und Wintersorten kann man den zarten Sommerporree auch roh essen. Kurz in Salzwasser blanchiert wird er noch milder und bekömmlicher.

Lachs mit Meerrettichkruste

Zutaten für 4 Personen:

- 200 g Langkornreis
- Salz, weißer Pfeffer
- 4 Lachsfilets (à ca. 125 g)
- 2 EL Öl
- 2 mittelgroße Möhren
- 1 mittelgroße Zwiebel
- 1 TL Zucker
- 2 mittelgroße Gewürzgurken
- 2–3 Stiele Dill
- 4 EL Meerrettich (Glas)
- Schale von ½ Bio-Zitrone

1 Reis in 400 ml kochendes Salzwasser geben. Zugedeckt bei schwacher Hitze ca. 20 Minuten ausquellen lassen.

2 Inzwischen Lachsfilets waschen, trockentupfen, mit Salz und Pfeffer würzen. 1 EL Öl in einer beschichteten Pfanne erhitzen und den Lachs darin unter Wenden ca. 6 Minuten braten.

3 Backofen auf höchster Stufe bzw. den Ofengrill vorheizen. Möhren putzen, schälen und in dünne Scheiben hobeln. Die Zwiebel schälen und fein würfeln. 1 EL Öl in einer Pfanne erhitzen und Zwiebel darin andünsten. Möhren zufügen, mit Salz, Pfeffer und Zucker würzen. Kurz glasieren, mit 100 ml Wasser ablöschen und ca. 5 Minuten köcheln. Gurken in Scheiben schneiden, zu den Möhren geben und erwärmen.

4 Dill waschen und, bis auf etwas zum Garnieren, abzupfen. Meerrettich mit Zitronenschale und Dill glatt rühren. Lachsfilets aus der Pfanne nehmen, mit der Meerrettichmasse bestreichen. Im Ofen ca. 5 Minuten überbacken.

5 Reis unter das Möhren-Gemüse heben. Zusammen mit den Lachsfilets auf Tellern anrichten. Mit übrigem Dill garnieren.
Getränk: kühles Mineralwasser oder Weißwein-Schorle.

Zubereitungszeit ca. 30 Min.
Portion ca. 480 kcal
E 30 g · F 22 g · KH 37 g

Fisch à la minute

*Was empfiehlt Fischers Fritz heute?
Saftige Filetstücke mit würziger Kruste,
in feiner Hülle oder pikanter Soße. Damit
machen Sie immer einen guten Fang*

Bratfisch mit Senfsoße

Zutaten für 4 Personen:

- 1 kg Kartoffeln
- 3–4 EL Öl
- Salz, Pfeffer
- 1 EL (15 g) Butter/Margarine
- 1 EL (15 g) Mehl
- ¼ l Milch
- 1 TL Gemüsebrühe
- 1–2 EL mittelscharfer Senf
- ½ Bund/Töpfchen Dill
- 2 Zwiebeln
- 4 Gewürzgurken (Glas)
- 350 g Lachsfilet
- 350 g Rotbarschfilet
- 2 EL Zitronensaft

1 Kartoffeln schälen, waschen und in Scheiben hobeln. In 2–3 EL heißem Öl unter Wenden ca. 15 Minuten braten. Mit Salz und Pfeffer würzen.

2 Fett in einem Topf schmelzen. Mehl einrühren und anschwitzen. Mit Milch ablöschen und aufkochen. Brühe und Senf einrühren und abschmecken.

3 Dill waschen und, bis auf etwas zum Garnieren, fein schneiden. In die Soße geben, mit Salz und Pfeffer abschmecken. Zwiebeln schälen, halbieren und klein schneiden. Gurken in Scheiben schneiden. Beides ca. 5 Minuten vor Ende der Garzeit zu den Kartoffeln geben.

4 Fisch waschen, trockentupfen, in Würfel schneiden und mit Zitronensaft beträufeln. Mit Salz würzen.

1 EL Öl in einer Pfanne erhitzen. Fisch darin unter Wenden ca. 5 Minuten braten. Mit den Bratkartoffeln auf Tellern anrichten. Soße dazureichen. Mit übrigem Dill garnieren. **Getränk:** kühles Bier.

Zubereitungszeit ca. 30 Min.
Portion ca. 560 kcal
E 40 g · F 25 g · KH 40 g

Ist der Fisch frisch?

Verlassen Sie sich auf Ihre Nase! Frischer Fisch riecht nicht fischig, sondern duftet nach Meer. Filets und Koteletts müssen saftig aussehen, hell und ohne Verfärbungen sein. Ganze Fische haben klare Augen, rote Kiemen und ihre Haut schimmert silbrig.

Fischhappen „süßsauer"

Zutaten für 4 Personen:

- 250 g Reis (z. B. Basmati)
- Salz, weißer Pfeffer
- 2 Paprikaschoten (z. B. gelb und rot)
- 1 Zwiebel
- 150 g Mungobohnen- oder Sojabohnen-Keimlinge
- 600 g Fischfilet (z. B. Seelachs)
- 1 EL Öl
- 150 g TK-Erbsen
- 1 TL Gemüsebrühe
- 2–3 EL Sojasoße
- 2 EL Mango-Chutney (Glas) oder Aprikosen-Konfitüre
- 1–2 gestrichene TL Speisestärke
- ½–1 TL Sambal Oelek

1 Reis in gut ½ l kochendes Salzwasser geben und zugedeckt bei milder Hitze ca. 20 Minuten ausquellen lassen.

2 Paprika putzen, waschen und in Streifen schneiden. Zwiebel schälen und fein würfeln. Keimlinge verlesen und waschen. Fisch waschen, trockentupfen und in Würfel schneiden.

3 Öl in einer Pfanne erhitzen. Fischwürfel darin von jeder Seite goldbraun anbraten. Mit Salz und Pfeffer würzen. Herausnehmen. Zwiebel im Bratfett andünsten. Paprika und Erbsen zufügen und ca. 3 Minuten mitdünsten.

4 Gemüse mit ⅜ l Wasser ablöschen. Brühe, Sojasoße und Chutney einrühren und ca. 3 Minuten köcheln. Stärke mit 2 EL Wasser glatt rühren. Soße damit leicht binden. Mit Salz und Sambal Oelek abschmecken. Fischwürfel und Sprossen darin erhitzen. Mit dem Reis anrichten.
Getränk: kühler Weißwein oder Tee.

Zubereitungszeit ca. 30 Min.
Portion ca. 430 kcal
E 36 g · F 4 g · KH 60 g

Fisch

Herings-Stipp mit Joghurtsoße

Zutaten für 4 Personen:

- 1 kg Kartoffeln (z. B. neue)
- 2 EL (30 g) Schinkenwürfel
- 1 mittelgroße Zwiebel
- 2 Gewürzgurken + 3–4 EL Gurkensud (Glas)
- 250 g Schmand oder saure Sahne
- 300 g Vollmilch-Joghurt
- Salz, weißer Pfeffer, Zucker
- 6–8 Matjesfilets
- ½ Bund Schnittlauch

1 Kartoffeln gründlich waschen und zugedeckt ca. 20 Minuten garen. Schinken in einer Pfanne ohne Fett knusprig braten. Auf Küchenpapier abtropfen und abkühlen lassen.

2 Zwiebel schälen und in feine Ringe, Gurken in dünne Scheiben schneiden. Schmand, Joghurt und Gurkensud glatt rühren. Mit wenig Salz, Pfeffer und 1 Prise Zucker abschmecken.

3 Schinken, Zwiebel und Gurken unter die Soße heben. Matjes abtupfen und in Stücke schneiden. Mit der Soße locker mischen. Schnittlauch waschen, fein schneiden, darüberstreuen. Kartoffeln dazureichen.
Getränk: kühles Bier.

Zubereitungszeit ca. 30 Min.
Portion ca. 570 kcal
E 26 g · F 34 g · KH 36 g

1-a-Matjes

... hat zartes, fast marzipanfarbenes Fleisch, einen schönen Silberspiegel an der Hautseite und schmeckt sahnigmild. Den „Edel-Hering" gibt's als Einzel- und Doppelfilet. Die preiswerten Heringsfilets nach Matjes-Art werden meist in Öl eingelegt angeboten, sind aber oft sehr salzig. Also am besten probieren, gut abspülen und evtl. wässern.

Fischfilet in goldbrauner Eihülle

Zutaten für 4 Personen:

- 1 Salatgurke (ca. 500 g)
- 1 Bund Schnittlauch
- 3–4 TL Meerrettich (Glas)
- 1 kg fertiger Kartoffelsalat
- 600 g Fischfilet (z. B. Seelachs)
- 2–3 EL Zitronensaft
- 3–5 EL Mehl
- Salz
- weißer Pfeffer
- 2 Eier
- 2–3 EL Öl
- evtl. Bio-Zitronen zum Garnieren

1 Gurke putzen, waschen und in dünne Scheiben hobeln. Schnittlauch waschen und in Röllchen schneiden. Gurke, Meerrettich und ¾ Schnittlauch unter den Kartoffelsalat heben.

2 Fischfilet waschen, trockentupfen und in 8 gleich große Stücke schneiden. Fisch mit Zitronensaft beträufeln und kurz ziehen lassen.

3 Mehl, Salz und Pfeffer auf einem Teller mischen. Eier in einem tiefen Teller verquirlen. Fisch in dem gewürzten Mehl wenden und evtl. überschüssiges Mehl abklopfen.

4 Öl in einer großen Pfanne erhitzen. Fisch im Ei wenden und sofort im Öl von jeder Seite ca. 3 Minuten braten. Mit dem Salat anrichten. Mit übrigem Schnittlauch und Zitronenspalten garnieren.
Getränk: kühles Mineralwasser oder Bier.

Zubereitungszeit ca. 25 Min.
Portion ca. 540 kcal
E 38 g · F 19 g · KH 50 g

Rotbarsch-Paprika-Gulasch

Zutaten für 4 Personen:

- 200 g Langkornreis, Salz
- 500 g Rotbarschfilet
- 300 g Lachsfilet
- Saft von ½ Zitrone
- 1 Zwiebel
- 100 g Kirschtomaten
- ½ Bund/Töpfchen Dill
- 2 EL Öl
- schwarzer Pfeffer (z. B. grober)
- 1 EL Butter
- ¼ l Tomatensaft
- 100 g Schlagsahne
- 1 TL Gemüsebrühe
- 1–2 TL Edelsüß-Paprika
- 1–2 EL heller Soßenbinder

1 Reis in 400 ml kochendes Salzwasser geben und zugedeckt bei schwacher Hitze ca. 20 Minuten ausquellen lassen.

2 Fisch waschen, trocken tupfen, in große Würfel schneiden und mit Zitronensaft beträufeln. Zwiebel schälen und fein würfeln. Tomaten waschen und halbieren. Dill waschen und, bis auf etwas zum Garnieren, hacken. Öl in einer Pfanne erhitzen. Fisch portionsweise darin anbraten, mit Salz und Pfeffer würzen und herausnehmen.

3 Butter im Bratfett erhitzen. Tomaten darin ca. 3 Minuten schmoren, Zwiebel kurz mitdünsten. Tomatensaft, Sahne, ¼ l Wasser, Brühe, Paprika und Dill einrühren und aufkochen.

4 Gulasch mit Soßenbinder binden und mit Salz und Pfeffer würzen. Fisch kurz darin erwärmen. Fisch-Gulasch mit dem Reis anrichten. Mit Dill garnieren.
Getränk: kühler Roséwein.

Zubereitungszeit ca. 30 Min.
Portion ca. 660 kcal
E 44 g · F 33 g · KH 43 g

Lengfisch mit Bärlauchcreme

Zutaten für 4 Personen

- 1 Bund Möhren (ca. 500 g)
- 1–2 EL Butter
- Salz, Pfeffer
- evtl. Zucker
- 750 g Lengfischfilet (oder Seelachs)
- 2 EL Zitronensaft
- 2 EL Öl
- je 1–2 EL Mehl und Paniermehl
- 250 g Vollmilch-Joghurt
- 150 g stichfeste saure Sahne
- 1 Bund Bärlauch (ersatzw. 1 EL gefriergetrockneter)
- Edelsüß- oder Rosenpaprika

1 Möhren putzen (evtl. etwas Grün stehen lassen), schälen und waschen. In der heißen Butter im Topf kurz andünsten. Mit Salz, Pfeffer und 1 Prise Zucker würzen. Ca. 100 ml Wasser angießen und zugedeckt ca. 10 Minuten dünsten.

2 Fisch waschen und trockentupfen. In 4 Stücke schneiden. Mit Zitronensaft beträufeln und mit Salz würzen. Öl in einer beschichteten Pfanne erhitzen. Mehl und Paniermehl mischen. Fisch darin wenden, überschüssige Panade abklopfen. Im heißen Öl pro Seite ca. 3 Minuten braten.

3 Joghurt und saure Sahne glatt rühren. Bärlauch waschen, bis auf etwas zum Garnieren fein schneiden und unterheben. Mit Salz, Pfeffer und Edelsüß-Paprika abschmecken. Alles anrichten, mit Rest Bärlauch garnieren. Dazu passt Ciabatta. **Getränk:** kühler Weißwein.

Zubereitungszeit ca. 30 Min.
Portion ca. 350 kcal
E 41 g · F 14 g · KH 13 g

Auch lecker

Die Bärlauch-Saison ist kurz, sie dauert nur von Ende März bis zur Blüte im Mai. Sonst können Sie stattdessen auch Rucola und Knoblauch verwenden.

Fisch

Lachs mit Spinat & Enoki-Pilzen

Zutaten für 4 Personen

- 600 g Lachsfilet
- 1 Zwiebel
- 1–2 Knoblauchzehen
- 1–2 EL Öl
- 750 g TK-Blattspinat
- 10–12 EL Sojasoße
- Pfeffer
- 2 EL Sesam
- 1 EL Butter
- 1 Packung (100 g) Enoki-Pilze

1 Lachs waschen, trockentupfen und in 8 Stücke schneiden. Zwiebel und Knoblauch schälen, fein würfeln.

2 Öl in einem großen Topf erhitzen. Zwiebel und Knoblauch darin andünsten. Spinat, ca. 150 ml Wasser und 6–7 EL Sojasoße zufügen. Spinat zugedeckt auftauen lassen. Mit Pfeffer würzen.

3 Inzwischen Sesam in einer Pfanne ohne Fett anrösten, herausnehmen. Butter erhitzen. Lachs darin von jeder Seite ca. 3 Minuten braten. Mit 4–5 EL Sojasoße und Pfeffer würzen.

4 Von den Enokis das Wurzelstück abschneiden. Pilze mit der Hälfte Sesam unter den Spinat heben. Abschmecken. Mit Lachs anrichten und mit Rest Sesam bestreuen. Dazu schmeckt Reis.
Getränk: kühler Weißwein.

Zubereitungszeit ca. 30 Min.
Portion ca. 440 kcal
E 38 g · F 28 g · KH 5 g

Asiatischer Mini-Pilz

Ursprünglich stammt der Enoki-Pilz aus Japan. Inzwischen wird er auch bei uns gezüchtet. Die Mini-Pilze schmecken mild und leicht süßlich. Sie sind roh ideal für Salate, passen aber auch in Suppen oder Wok-Gerichte. Wichtig: erst kurz vorm Servieren zugeben – sie werden schnell zu weich!

![Kabeljau-Filet in Kräuterbutter angerichtet mit Zucchini und Tomaten auf einem Teller](image)

Kabeljau-Filet in Kräuterbutter

Zutaten für 4 Personen:

- 1 Zwiebel
- 2 EL Öl
- 2 Zucchini (ca. 400 g)
- 400 g kleine Tomaten
- Salz
- weißer Pfeffer
- 600 g Fischfilet (z. B. Kabeljau)
- 1–2 EL Zitronensaft
- 50 g Kräuterbutter
- evtl. Kräuter und Bio-Zitrone zum Garnieren

Zubereitungszeit ca. 25 Min.
Portion ca. 300 kcal
E 29 g · F 17 g · KH 6 g

1 Zwiebel schälen und hacken. In 1 EL heißem Öl andünsten. Zucchini putzen, waschen und in dünne Scheiben schneiden. Zur Zwiebel geben und unter Wenden ca. 5 Minuten braten.

3 Fisch waschen, trockentupfen und in Stücke schneiden. Mit Zitronensaft beträufeln und würzen. 1 EL Öl erhitzen. Fischfilets darin pro Seite 3–5 Minuten goldbraun braten.

2 Tomaten waschen, je nach Größe halbieren oder vierteln. Unter die Zucchini mischen. Alles zugedeckt weitere ca. 10 Minuten dünsten. Mit Salz und Pfeffer abschmecken.

4 Kräuterbutter zum Schluss zum Fisch geben. Alles anrichten, mit Butter beträufeln und garnieren. Dazu: Bauernbrot.
Getränk: kühler Roséwein.

Wirsing-Bohnen-Topf

Zutaten für 4 Personen:

- 1 mittelgroße **Zwiebel**
- 2–3 große **Kartoffeln** (ca. 500 g)
- 2 EL **Öl**
- 1 kleiner **Wirsing** (ca. 1 kg)
- 1–2 EL **Gemüsebrühe**
- 1 Dose (425 ml) große
  weiße **Bohnenkerne**
- 200 g **Cabanossi**
- **Salz**, weißer **Pfeffer**
- 50–75 g **Gouda** (Stück)

1 Zwiebel schälen und grob würfeln. Kartoffeln schälen, waschen und würfeln. Öl in einem großen Topf erhitzen. Kartoffeln und Zwiebel darin ca. 5 Minuten andünsten.

2 Wirsing putzen, vierteln und Strunk herausschneiden. Kohl waschen und in Streifen schneiden. Zu den Kartoffeln geben und unter Wenden andünsten.

3 Alles mit ca. 1 l Wasser ablöschen und aufkochen. Brühe einrühren, alles zugedeckt ca. 12 Minuten köcheln. Bohnen abspülen und abtropfen lassen. Wurst in schräge Scheiben schneiden.

4 Bohnen und Wurst ca. 3 Minuten im Eintopf erhitzen. Alles mit Salz und Pfeffer abschmecken. Wirsing-Topf in Tellern anrichten. Gouda darüberreiben.

Zubereitungszeit ca. 30 Min.
Portion ca. 500 kcal
E 27 g · F 29 g · KH 30 g

Suppen in Bestzeit

Worauf haben Sie Lust?
Auf herzhaften Eintopf oder lieber ein
edles Cremesüppchen? Wir garantieren:
Diese Suppen sind Löffel für Löffel lecker!

Italienische Mangold-Suppe

Zutaten für 4 Personen:

- 600 g Kartoffeln
- 1 mittelgroße Zwiebel
- 2 Knoblauchzehen
- 1 großer Mangold (ca. 1 kg)
- 1 EL Öl, Salz, Pfeffer
- 3 TL Gemüsebrühe
- 3 mittelgroße Tomaten
- 1–2 EL Pinienkerne
- 150 g Crème légère
  oder Schmand
- 20 g Parmesan (Stück)

1 Kartoffeln schälen, waschen und würfeln. In kochendem Salzwasser 15 Minuten garen. Zwiebel und Knoblauch schälen, hacken. Mangold putzen und waschen. Blätter und Stiele getrennt in Streifen schneiden.

2 Öl in einem großen Topf erhitzen. Zwiebel und Knoblauch darin andünsten. Mangoldstiele kurz mitdünsten, mit Salz und Pfeffer würzen. Ca. 1 l Wasser angießen, kurz aufkochen und Brühe einrühren. Stiele zugedeckt ca. 5 Minuten köcheln.

3 Tomaten waschen, vierteln, evtl. entkernen und fein würfeln. Mit Mangoldstreifen in die Suppe geben, weitere 5–7 Minuten köcheln. Pinienkerne in einer Pfanne ohne Fett rösten, herausnehmen. Suppe mit Crème légère verfeinern und

abschmecken. Kartoffeln abgießen, zufügen. Kerne darüberstreuen und Parmesan darüberhobeln.

Zubereitungszeit ca. 30 Min.
Portion ca. 280 kcal
E 12 g · F 14 g · KH 25 g

Gut zu wissen

Mangold ist mit Rüben und Roter Bete verwandt. Der rotblättrige schmeckt wesentlich aromatischer als grüne Sorten. Statt Mangold können Sie die Suppe auch mit TK-Blattspinat zubereiten.

Tomatensuppe mit Nudeln

Zutaten für 4 Personen:

- 1 Zwiebel
- 1 Knoblauchzehe
- 1 Möhre
- 2 Stangen Staudensellerie
- 2–3 EL Olivenöl
- 1 Dose (850 ml) Tomaten
- 2 EL Gemüsebrühe
- 100 g kleine Nudeln
  (z. B. Hörnchennudeln)
- Salz
- 1 Tomate
- 3 Lauchzwiebeln
- 1–2 EL heller Soßenbinder
- Pfeffer
- evtl. Basilikum zum Garnieren

1 Zwiebel und Knoblauch schälen, hacken. Möhre schälen und waschen. Sellerie putzen, waschen und 1 Stange beiseite legen. Gemüse grob würfeln. Öl in einem Topf erhitzen. Zwiebel, Knoblauch und gewürfeltes Gemüse darin ca. 3 Minuten zugedeckt dünsten. Mit 1 l heißem Wasser und Tomaten ablöschen, Brühe einrühren und 15–20 Minuten zugedeckt köcheln.

2 Inzwischen Nudeln in reichlich kochendem Salzwasser ca. 8 Minuten garen. Abgießen, abschrecken und abtropfen lassen. Tomate waschen, vierteln, entkernen und in Streifen schneiden. Lauchzwiebeln putzen und waschen. Lauchzwiebeln und übrige Selleriestange in dünne schräge Scheiben schneiden.

3 Die Tomatensuppe durch ein Sieb in einen Topf passieren und aufkochen. Soßenbinder einstreuen und 2 Minuten köcheln. Tomate, Lauchzwiebeln, Sellerie und Nudeln zufügen, aufkochen. Mit Salz und Pfeffer würzen. Anrichten und garnieren.

Zubereitungszeit ca. 30 Min.
Portion ca. 220 kcal
E 7 g · F 6 g · KH 32 g

Zeitspar-Tipp
Wenn Sie z. B. für Nudeln oder Brühe heißes Wasser brauchen: im Wasserkocher geht's viel schneller als im Topf. Und Energie spart's auch.

Suppen

Ingwer-Karotten-Cremesuppe

Zutaten für 4 Personen:

- 1 mittelgroße Zwiebel
- 1 Stück (ca. 30 g) frischer Ingwer
- evtl. 1 Knoblauchzehe
- 800 g Möhren
- 1 EL Öl, 2 TL Gemüsebrühe
- 100 g Schlagsahne
- Salz, weißer Pfeffer, Zucker
- evtl. 5 EL Orangensaft
- ½ Bund Schnittlauch
- einige Kartoffelchips zum Bestreuen

1 Zwiebel schälen und hacken. Ingwer und Knoblauch schälen und durch die Knoblauchpresse drücken. Möhren schälen, waschen und in Scheiben hobeln. Alles im heißen Öl kurz andünsten. 800 ml heißes Wasser und Brühe einrühren. Zugedeckt ca. 20 Minuten köcheln.

2 Suppe mit dem Schneidstab pürieren. Sahne einrühren und aufkochen. Mit Salz, Pfeffer, etwas Zucker und Orangensaft abschmecken. Schnittlauch waschen, fein schneiden. Suppe mit Chips und Schnittlauch bestreuen.

Zubereitungszeit ca. 30 Min.
Portion ca. 160 kcal
E 3 g · F 9 g · KH 15 g

Einkaufs-Tipp
Frischen Ingwer gibt's inzwischen in den meisten Supermärkten. Die Knollen sollten fest und prall sein. Angeschrumpelte Ware links liegen lassen.

Selleriesüppchen mit Räucherlachs

Zutaten für 2 Personen:

- 250 g Knollensellerie
- 1 kleine Zwiebel
- 1 EL Öl
- 1 TL Gemüsebrühe
- 100 g Schlagsahne
- 1 Bund/Töpfchen Kerbel
- 2 Scheiben geräucherter Lachs
  (ca. 60 g)
- Salz, weißer Pfeffer

1 Sellerie putzen, schälen, waschen und in kleine Stücke schneiden. Zwiebel schälen und fein würfeln. Öl in einem Topf erhitzen. Sellerie und Zwiebel darin andünsten. Mit ¼ l heißem Wasser ablöschen, Brühe einrühren und alles zugedeckt ca. 15 Minuten köcheln.

2 Kerbel waschen, trocken schütteln und, bis auf etwas zum Garnieren, grob hacken. ⅓ Kerbel auf den Lachsscheiben verteilen. Die Scheiben aufrollen und kalt stellen.

3 Restlichen gehackten Kerbel in die Suppe geben und alles pürieren. Mit Salz und Pfeffer abschmecken. Sahne halbsteif schlagen und unter die Suppe rühren.

4 Lachsrollen in Röllchen schneiden. Suppe mit den Lachsröllchen auf Teller geben. Mit Kerbel garnieren. Dazu schmecken geröstete Toastbrotherzen.

Zubereitungszeit ca. 30 Min.
Portion ca. 290 kcal
E 9 g · F 25 g · KH 6 g

Brunnenkresse-Suppe mit Schinken-Chips

Zutaten für 4 Personen:

- **2 Bund Brunnenkresse (à ca. 250 g)**
- **1 mittelgroße Zwiebel**
- **1 EL Butter/Margarine**
- **1 leicht gehäufter EL Mehl**
- **¼ l Milch**
- **ca. 2 TL Gemüsebrühe**
- **1 EL Pinienkerne**
- **4 Scheiben roher Schinken**
- **Salz, weißer Pfeffer**
- **4 TL Crème fraîche**

1 Brunnenkresse putzen, waschen und, bis auf etwas zum Garnieren, grob hacken. Zwiebel schälen und fein würfeln.

2 Fett in einem Topf erhitzen. Zwiebel darin andünsten. Mehl darüberstäuben und anschwitzen. Milch, gut ½ l Wasser und Brühe einrühren. Aufkochen und ca. 5 Minuten köcheln.

3 Pinienkerne ohne Fett goldbraun rösten, herausnehmen. Schinken in der Pfanne knusprig braten. Herausnehmen und grob zerbrechen.

4 Brunnenkresse in die Suppe geben. Alles mit einem Schneidstab fein pürieren. Mit Salz und Pfeffer abschmecken. Suppe mit je 1 TL Crème fraîche anrichten. Mit Schinken-Chips, Pinienkernen und Rest Brunnenkresse garnieren.

Zubereitungszeit ca. 30 Min.
Portion ca. 170 kcal
E 6 g · F 11 g · KH 10 g

Gemüse-Eintopf mit Bratklößchen

Zutaten für 4 Personen:

- **500 g Kartoffeln**
- **2 EL Öl**
- **300 g TK-Suppengemüse**
- **2 EL Gemüsebrühe**
- **200 g ungebrühte Bratwurst**
- **2 Stiele Petersilie**
- **1 Ei**
- **Salz**
- **schwarzer Pfeffer**

1 Kartoffeln schälen, waschen und fein würfeln. 1 EL Öl in einem Topf erhitzen. Kartoffeln darin anbraten. Suppengemüse dazugeben, mit 1 l heißem Wasser ablöschen. Brühe einrühren, aufkochen und ca. 15 Minuten bei schwacher Hitze garen.

2 1 EL Öl in einer Pfanne erhitzen. Wurstbrät als Klößchen aus der Haut in die Pfanne drücken, rundherum ca. 5 Minuten braten. Petersilie waschen, fein hacken. Ei verschlagen.

3 Gemüse-Eintopf mit Salz und Pfeffer abschmecken. Ei hineinrühren. Die Klößchen zufügen und mit Petersilie bestreuen.

Zubereitungszeit ca. 30 Min.
Portion ca. 330 kcal
E 12 g · F 21 g · KH 21 g

Vorrats-Tipp

Diesen Eintopf können Sie auch komplett aus dem Vorrat zaubern. Nehmen Sie dann statt Bratwurst fertige Hackklößchen – gibt's z. B. als „Köttbullar" in der Tiefkühltruhe. Oder Sie schneiden einfach Würstchen in den Eintopf.

Erbsencreme-Suppe mit Würstchen

Zutaten für 4 Personen:

- 2 Zwiebeln
- 1 EL Öl
- 3 TL Gemüsebrühe
- 450 g TK-Erbsen
- 250 g Möhren
- 1 Knoblauchzehe
- 1 Bund/Töpfchen Kerbel
- 150 g saure Sahne
- Salz
- weißer Pfeffer
- 4 Wiener Würstchen (z. B. Geflügel)

1 Zwiebeln schälen und in feine Ringe schneiden. Im Topf im heißen Öl anbraten. Herausnehmen. Ca. ¾ l Wasser, Brühe und Erbsen, bis auf 3 EL, zum Bratfett geben. Alles aufkochen, zugedeckt ca. 5 Minuten köcheln.

2 Möhren schälen, waschen und fein würfeln. Knoblauch schälen. Kerbel waschen, etwas beiseite legen. Knoblauch in die Suppe pressen,

Kerbel zufügen und alles fein pürieren. Möhrenwürfel und restliche Erbsen zufügen und alles zugedeckt ca. 5 Minuten weiterköcheln.

3 Sahne in die Suppe rühren und abschmecken. Würstchen in schräge Scheiben schneiden und in der Suppe erhitzen. Erbsencreme auf Teller verteilen, mit Zwiebelringen und übrigem Kerbel garnieren.

Zubereitungszeit ca. 30 Min.
Portion ca. 270 kcal
E 15 g · F 14 g · KH 20 g

Kürbis-Tomaten-Topf mit Bacon

Zutaten für 4 Personen:

- 1 kg Kürbis (z. B. Hokkaido)
- 4 Möhren
- 4–6 Tomaten
- 1 mittelgroße Zwiebel
- 1–2 EL Öl
- 2–3 EL Gemüsebrühe
- 5–6 Zweige Thymian
- 6 Scheiben Frühstücksspeck (Bacon)
- Salz, Pfeffer, Zucker
- 4 EL Crème fraîche

1 Den Kürbis zerteilen, entkernen, in Spalten schneiden und schälen. Fruchtfleisch würfeln. Möhren schälen, waschen und in Scheiben schneiden. Tomaten waschen und klein schneiden. Zwiebel schälen, würfeln.

2 Öl in einem großen Topf erhitzen. Kürbis, Möhren und Zwiebel darin unter Rühren ca. 5 Minuten dünsten. Tomaten kurz mitdünsten. Mit 1 l kochendem Wasser ablöschen, Brühe einrühren und zugedeckt ca. 15 Minuten köcheln.

3 Thymian waschen und abzupfen. Zum Kürbis geben und alles ca. 5 Minuten weitergaren. Inzwischen Frühstücksspeck halbieren oder dritteln und in einer Pfanne auslassen. Kürbis-Topf mit Salz, Pfeffer und 1 Prise Zucker abschmecken. Mit Frühstücksspeck anrichten und mit je 1 EL Crème fraîche servieren.

Zubereitungszeit ca. 30 Min.
Portion ca. 220 kcal
E 7 g · F 14 g · KH 16 g

Hack ist

Saftige Röllchen, würzige Soßen und Pfannengerichte mit Mett & Co. findet die ganze Familie „zum Durchdrehen" lecker

Trumpf!

Cevapcici & Djuvec-Reis

Zutaten für 4 Personen:

- 1 rote Paprikaschote
- 4 EL Olivenöl
- 200 g Langkornreis
- 100 g Ajvar (Paprikasoße)
- Salz
- 100 g TK-Erbsen
- 1 Knoblauchzehe
- 500 g gemischtes Hack
- 1 Ei
- Pfeffer

1 Paprika putzen, waschen und fein würfeln. In 1 EL heißem Öl andünsten. Reis zufügen. 400 ml Wasser und Ajvar zufügen. Mit Salz würzen. Zugedeckt bei mittlerer Hitze ca. 20 Minuten garen. Nach ca. 15 Minuten die TK-Erbsen unter den Reis heben.

2 Für die Cevapcici Knoblauch schälen und fein hacken. Hack, Ei und Knoblauch verkneten, mit Salz und Pfeffer würzen. Zu Röllchen formen und in 3 EL heißem Öl ca. 10 Minuten rundherum knusprig braten.

3 Mithilfe eines Eisportionierers je 1 Reiskugel formen, auf 4 Teller verteilen. Cevapcici mit anrichten. Dazu schmecken Krautsalat und Zigeunersoße. **Getränk:** trockener Rotwein.

Zubereitungszeit ca. 30 Min.
Portion ca. 660 kcal
E 33 g · F 38 g · KH 42 g

Gebratener Chicorée mit Hacksoße

Zutaten für 4 Personen:

- 1 Knoblauchzehe
- 2 mittelgroße Möhren
- 1 kleine Stange (ca. 100 g) Porree (Lauch)
- 400 g gemischtes Hack
- 2 EL Öl
- Salz
- Pfeffer
- 2 TL getrockneter Majoran
- 1 Dose (850 ml) Tomaten
- 1–2 TL Tomatenmark
- 4 Chicorée (ca. 800 g)
- 1 TL Gemüsebrühe
- Zucker
- 2–3 EL Crème fraîche

1 Knoblauch schälen und hacken. Möhren und Porree putzen, waschen und fein würfeln. Hack in 1 EL heißem Öl krümelig braten. Möhren, Porree und Knoblauch ca. 5 Minuten mitbraten.

2 Hack mit Salz, Pfeffer und Majoran würzen. Tomaten samt Saft und Tomatenmark zugeben. Tomaten mit dem Pfannenwender zerkleinern. Alles offen ca. 10 Minuten köcheln.

3 Chicorée putzen, waschen, längs halbieren und den Strunk herausschneiden. In 1 EL heißem Öl pro Seite ca. 2 Minuten braten. ⅛ l Wasser und Brühe einrühren. Chicorée zugedeckt ca. 5 Minuten garen.

4 Die Hacksoße mit Salz, Pfeffer und 1 Prise Zucker abschmecken. Crème fraîche unterrühren. Chicorée mit der Hacksoße anrichten. Dazu schmeckt Baguette.
Getränk: kühler Roséwein.

Zubereitungszeit ca. 25 Min.
Portion ca. 370 kcal
E 26 g · F 22 g · KH 14 g

Schmorgurken mit Mettbällchen

Zutaten für 4 Personen:

- 500 g Mett
- 2 EL Öl
- 1 kg Schmorgurken
  (ersatzw. Salatgurken)
- 2 Zwiebeln
- ½–1 TL Gemüsebrühe
- 250 g Schlagsahne
- Salz
- bunter grober Pfeffer
- 1–2 EL heller Soßenbinder
- 1 Bund/Töpfchen Dill
- ¼ l Milch
- 1 ½ Beutel Kartoffelpüree
  (à 3 Portionen; für je ½ l Flüssigkeit)

1 Aus dem Mett kleine Bällchen formen und im heißen Öl rundum ca. 8 Minuten braten. Gurken schälen, längs halbieren und entkernen. Gurken in Stücke schneiden. Zwiebeln schälen und in Streifen schneiden.

2 Mettbällchen aus der Pfanne nehmen. Gurken und Zwiebeln im Bratfett andünsten. 150 ml Wasser, Brühe und Sahne einrühren und alles ca. 10 Minuten garen. Mit Salz und Pfeffer würzen. Nochmals aufkochen, Soßenbinder einrühren und ca. 1 Minute köcheln.

3 Dill waschen, trockentupfen und hacken. Mettbällchen und Dill zum Gurkengemüse geben und mit erwärmen. ½ l Wasser aufkochen. Von der Herdplatte nehmen, Milch zufügen und Püreeflocken unterrühren,

mit Salz abschmecken. Nach 1 Minute nochmals durchrühren. Kartoffelpüree mit dem Gurkengemüse auf Tellern anrichten.
Getränk: kühles Bier.

Zubereitungszeit ca. 30 Min.
Portion ca. 840 kcal
E 41 g · F 56 g · KH 38 g

Bohnen-Lauch-Salat mit Mett

Zutaten für 6–8 Personen:

- 1–2 Knoblauchzehen
- 5 Scheiben Frühstücksspeck (Bacon)
- 500 g Mett
- 4 EL Öl
- Pfeffer, Salz, Zucker
- 2 Dosen (à 425 ml) Kidney-Bohnen
- 1 Dose (425 ml) weiße Bohnenkerne
- 750 g Porree (Lauch)
- 175–200 g Tomaten-Ketchup
- 3 EL Essig
- ca. 1 TL Brühe
- etwas Cayennepfeffer
- 75 g schwarze Oliven (ohne Stein)
- evtl. Petersilie zum Garnieren

1 Knoblauch schälen, fein hacken. Speck halbieren, knusprig braten und herausnehmen. Mett in groben Flocken im Speckfett mit 2 EL Öl ca. 5 Minuten kräftig braten. Knoblauch mitdünsten. Mett würzen, herausnehmen und abkühlen lassen.

2 Bohnen in ein Sieb schütten, abspülen und abtropfen lassen. Porree putzen, waschen und in feine Ringe schneiden. 2 EL Öl zum Bratfett geben und Porree darin 2–3 Minuten dünsten. Herausnehmen.

3 200 ml Wasser, Ketchup und Essig ins Bratfett rühren, aufkochen. Mit Brühe, Cayennepfeffer, Salz, Pfeffer und Zucker würzen. Kurz abkühlen lassen. Mit Mett, Speck, Porree, Bohnen und Oliven mischen. Mit Petersilie garnieren.
Getränk: kühles Bier.

Zubereitungszeit ca. 30 Min.
Portion ca. 420 kcal
E 21 g · F 26 g · KH 23 g

Spitzkohl-Hack-Pfanne

Zutaten für 4 Personen:

- **600 g neue Kartoffeln**
- **4 EL Öl**
- **Salz**
- **Pfeffer**
- **1 Spitzkohl (750 g; ersatzw. Wirsing)**
- **300 g gemischtes Hack**
- **1 Bund Schnittlauch**
- **1 Packung (250 g) Sauce Hollandaise**

1 Kartoffeln gründlich waschen und in Spalten schneiden. 2 EL Öl in einer Pfanne erhitzen. Kartoffelspalten darin 15–20 Minuten bei mittlerer Hitze unter Wenden goldbraun braten. Mit Salz und Pfeffer würzen.

2 Inzwischen Kohl putzen, vierteln, waschen und in Stücke schneiden. 2 EL Öl in einer Pfanne erhitzen. Hack darin ca. 5 Minuten braten, mit Salz und Pfeffer würzen. Spitzkohl zugeben und weitere 5 Minuten braten, nochmals abschmecken.

3 Schnittlauch waschen und in feine Röllchen schneiden. Sauce Hollandaise erwärmen, Schnittlauch unterrühren. Kartoffeln zur Kohl-Hack-Pfanne geben und unterheben. Sauce Hollandaise darübergießen. **Getränk:** kühler Weißwein.

Zubereitungszeit ca. 30 Min.
Portion ca. 600 kcal
E 22 · F 42 · KH 29 g

Extra-Tipp

Neue Kartoffeln haben eine zarte Schale, die man ruhig mitessen kann. Andere Kartoffeln sollten Sie für dieses Rezept besser schälen.

Mexikanischer Fleischtopf

Zutaten für 4 Personen:

- **2 Zwiebeln**
- **2 Knoblauchzehen**
- **1 Paprikaschote (z. B. rot)**
- **½ Staude (ca. 250 g) Stangensellerie**
- **1 Dose (425 ml) Kidney-Bohnen**
- **1 Dose (425 ml) Gemüsemais**
- **1 EL Öl**
- **300 g Rinderhack**
- **1 EL Mehl**
- **Chilipulver oder Cayennepfeffer**
- **Edelsüß-Paprika**
- **1 Dose (425 ml) Tomaten**
- **je 2 Stiele Koriander und Petersilie**
- **Salz, Pfeffer**

1 Zwiebeln und Knoblauch schälen und würfeln. Paprika putzen, waschen und würfeln. Stangensellerie putzen, waschen und in ca. ½ cm dicke Scheiben schneiden. Bohnen in einem Sieb abspülen und abtropfen lassen. Mais abtropfen lassen.

2 Öl in einer Pfanne erhitzen, Hack kräftig darin anbraten. Zwiebeln, Knoblauch, Paprika und Sellerie kurz mitbraten. Mehl darüberstäuben und anschwitzen. 300 ml Wasser einrühren, mit Chili und Edelsüß-Paprika würzen. Aufkochen und bei schwacher Hitze ca. 5 Minuten unter Rühren köcheln.

3 Bohnen, Mais und Tomaten zum Chili geben. Tomaten mit dem Rührlöffel leicht zerkleinern. Koriander und Petersilie waschen, fein hacken, zum Chili geben und alles kurz aufkochen. Mit Salz und Pfeffer abschmecken. Auf Tellern anrichten. Dazu schmecken Kartoffelspalten (s. Tipp) oder Fladenbrot. **Getränk:** kühles Bier.

Zubereitungszeit ca. 30 Min.
Portion ca. 400 kcal
E 29 g · F 15 g · KH 34 g

Flotte Beilage

Während Sie das Chili zubereiten, können Sie im Backofen TK-Kartoffel-Wedges backen. Die sind in gut 20 Minuten fertig.

Überbackener Porree alla bolognese

Zutaten für 3 Personen:

- **Salz**
- **2 große Stangen (à ca. 400 g) Porree (Lauch)**
- **1 Zwiebel**
- **250 g gemischtes Hack**
- **1–2 EL Öl**
- **Pfeffer**
- **1 Dose (425 ml) Tomaten**
- **2–3 TL Gemüsebrühe**
- **250 g Mozzarella**
- **⅛ l Milch**
- **1 Beutel Kartoffelpüree (3 Portionen; für ½ l Flüssigkeit)**
- **evtl. 1 TL Butter**

Zubereitungszeit ca. 30 Min.
Portion ca. 560 kcal
E 42 g · F 27 g · KH 33 g

1 ¾–1 l Salzwasser aufkochen. Ofen vorheizen (E-Herd: 225 °C/Umluft: 200 °C/Gas: Stufe 4). Porree putzen, waschen, in große Stücke schneiden. Im Salzwasser ca. 8 Minuten garen.

2 Zwiebel schälen, würfeln. Mit Hack im heißen Öl anbraten, würzen. Tomaten samt Saft zufügen, zerkleinern. Ca. ⅜ l Wasser und Brühe einrühren, aufkochen. Ca. 5 Minuten einkochen.

3 Porree abtropfen lassen. Käse in Scheiben schneiden. Soße in 1 große oder 3 kleine Auflaufformen füllen. Porree und Käse darauf verteilen, ca. 10 Minuten überbacken.

4 ⅜ l Wasser und ¼–½ TL Salz aufkochen. Topf vom Herd ziehen. Milch zufügen. Püreeflocken einrühren. Nach 1 Minute Butter unterrühren.
Getränk: kühles Bier.

Griechische Hirtenpfanne

Zutaten für 3 Personen:

- 1 Glas (280 g) gegrillter Paprika mit Knoblauch in Olivenöl
- 1 Zwiebel
- 200 g gemischtes Hack
- Salz
- Pfeffer
- getrockneter Oregano
- 150 g Langkornreis
- 1 gehäufter TL Gemüsebrühe
- 2–3 Lauchzwiebeln
- 100 g Feta oder Schafskäse
- evtl. Oregano zum Garnieren

1 Paprika in einem Sieb abtropfen lassen, dabei das Öl auffangen. Paprika klein schneiden. 2 Knoblauchzehen (aus dem Glas) fein hacken. Zwiebel schälen und fein würfeln.

2 3 EL Öl (aus dem Glas) in einer Pfanne erhitzen. Hack darin krümelig anbraten. Mit Salz, Pfeffer und Oregano würzen. Zwiebel, Knoblauch, Paprika und Reis kurz mit anbraten.

300 ml Wasser und Brühe einrühren, zugedeckt ca. 20 Minuten garen.

3 Lauchzwiebeln putzen, waschen und in Ringe schneiden. Ca. 10 Minuten vor Ende der Garzeit zum Reis geben. Alles mit Salz und Pfeffer abschmecken. Käse zerkrümeln und auf der Reispfanne verteilen. Mit Oregano garnieren.
Getränk: kühles Mineralwasser oder Weißwein-Schorle.

Zubereitungszeit ca. 30 Min.
Portion ca. 550 kcal
E 24 g · F 30 g · KH 43 g

Saftige Mini-Hack-Pizzas

Zutaten für 4 Personen:

- ½ Bund Rucola (Rauke)
- je 3–4 Stiele Oregano und Thymian
- 200 g Frischkäse (16 % Fett)
- 150 g Vollmilch-Joghurt
- Salz, Pfeffer
- 1 Zwiebel
- 3 Paprikaschoten
  (z. B. rot, grün und gelb)
- 4 Toast-Brötchen (à 60 g)
- 2 EL Olivenöl
- 400 g gemischtes Hack
- 2 EL Pizzagewürz
- 2 EL Tomaten-Ketchup
- Backpapier

1 Den Backofen vorheizen (E-Herd: 200 °C/Umluft: 175 °C/Gas: Stufe 3). Rucola und Kräuter waschen. Kräuterblättchen, bis auf einige zum Garnieren, von den Stielen zupfen. Kräuter und Hälfte Rucola fein hacken. Frischkäse und Joghurt glatt rühren. Gehackten Rucola und Kräuter unterrühren. Alles mit Salz und Pfeffer abschmecken.

2 Zwiebel schälen und fein würfeln. Paprika putzen, waschen und in mundgerechte Stücke schneiden. Brötchenhälften trennen und auf ein mit Backpapier ausgelegtes Backblech legen. Im heißen Backofen 12–15 Minuten goldbraun rösten.

3 Inzwischen 1 EL Olivenöl in einer Pfanne erhitzen. Zwiebel darin glasig dünsten. Hack darin krümelig braten. Mit Pizzagewürz und Ketchup würzen. Herausnehmen und warm stellen.

4 1 EL Olivenöl in der Pfanne erhitzen. Paprika darin 1–2 Minuten scharf anbraten. Paprika und Hack vermengen. Brötchen dick mit Frischkäse bestreichen. Paprika-Hack-Masse darauf verteilen und mit restlichen Kräutern garnieren. Mit Rucola auf einer Platte anrichten.
Getränk: trockener Rotwein.

Zubereitungszeit ca. 30 Min.
Portion ca. 610 kcal
E 33 g · F 36 g · KH 35 g

Sahniges Eier-Ragout mit Schnittlauch

Zutaten für 4 Personen:

- 8 Eier
- 2 EL (30 g) Butter/Margarine
- 2 EL (30 g) Mehl
- 200 g Schlagsahne
- 1 gehäufter TL Gemüsebrühe
- Salz, weißer Pfeffer
- geriebene Muskatnuss
- 2 Bund Schnittlauch
- evtl. rosa Beeren (pfefferähnl. Gewürz) zum Bestreuen

1 Eier hart kochen. Fett in einem Topf erhitzen. Mehl darin unter Rühren anschwitzen. Sahne, 300 ml Wasser und Brühe einrühren, aufkochen. Bei schwacher Hitze ca. 10 Minuten köcheln. Eier abschrecken und schälen.

2 Die Soße mit Salz, Pfeffer und Muskat abschmecken. Eier sechsteln. Schnittlauch waschen und fein schneiden. Etwas zum Garnieren beiseite stellen. Rest mit den Eiern in die Soße geben. Mit übrigem Schnittlauch und rosa Beeren bestreuen.
Getränk: kühle Weißwein-Schorle.

Zubereitungszeit ca. 30 Min.
Portion ca. 460 kcal
E 18 g · F 38 g · KH 9 g

Eier perfekt gekocht
Für Eier der Größe M gelten folgende Kochzeiten: weich 4–5 Minuten, wachsweich ca. 8 Minuten und hart ca. 10 Minuten. Vorher am stumpfen Ende mit einem Eierpikser anstechen, damit sie beim Garen nicht platzen.

mit Ei

Für alle, die es preiswert, lecker und
unkompliziert lieben, sind diese Gerichte
das „Ei des Kolumbus". Mal deftig, mal
fein, für jeden Anlass ist etwas dabei

mit Ei

Omelett à la mexicana

Zutaten für 2–3 Personen:

- 1 Packung (300 g)
  TK-Pfannen-Gemüse „Mexikanisch"
- 150 g Cabanossi
- 6 Eier
- 4 EL Milch oder Sahne
- Salz, Pfeffer, Muskat
- Tabasco oder Cayennepfeffer
- ½ Bund Petersilie
- evtl. Schmand oder saure Sahne

1 Eine große beschichtete Pfanne ohne Fett leicht erhitzen. Gefrorenes Gemüse hineingeben und bei starker Hitze ca. 4 Minuten anbraten.

2 Wurst in Scheiben schneiden. Eier und Milch verquirlen. Mit Salz, Pfeffer, Muskat und Tabasco würzen.

3 Wurst zum Gemüse geben, alles unter Wenden weitere 2–3 Minuten

braten. Eier darübergießen, zugedeckt bei schwacher Hitze 15–18 Minuten stocken lassen.

4 Petersilie waschen und hacken. Omelett mit einem Klecks Schmand anrichten, mit Petersilie bestreuen.
Getränk: kühle Saftschorle.

Zubereitungszeit ca. 30 Min.
Portion ca. 520 kcal
E 30 g · F 37 g · KH 13 g

Fix variiert

Statt Mexiko-Gemüse und Wurst können Sie auch TK-Erbsen und Thunfisch aus der Dose oder Pilze und Schinkenwürfel ins Omelett einbacken.

Eier-Gratin mit Krabben

Zutaten für 4 Personen:

- 8 Eier
- 200 g Tiefsee-Krabbenfleisch (frisch oder TK)
- Fett für die Förmchen
- 250 g Schmand oder Crème fraîche
- 1 EL Meerrettich (Glas)
- Salz, weißer Pfeffer
- 1 Bund Lauchzwiebeln
- 1 Scheibe Weißbrot
- 50–75 g geriebener Gouda

1 Backofen vorheizen (E-Herd: 225 °C/ Umluft: 200 °C/Gas: Stufe 4). Eier hart kochen. Inzwischen TK-Krabben lauwarm abspülen und abtropfen lassen. 4 kleine Gratinförmchen (ca. 12 cm Ø) oder eine große Auflaufform fetten. Eier abschrecken, schälen und abkühlen lassen.

2 Schmand und Meerrettich glatt verrühren. Mit Salz und Pfeffer abschmecken. Lauchzwiebeln putzen, waschen und in Ringe schneiden. Brot fein zerbröseln.

3 Eier mit einem Eierschneider in Scheiben schneiden und dachziegelartig in die Förmchen verteilen. Lauchzwiebeln und Krabben darauf verteilen. Schmandcreme, Brotbrösel und Käse darübergeben.

4 Im Backofen ca. 10 Minuten überbacken. Dazu schmeckt Weißbrot. **Getränk:** kühles Mineralwasser.

Zubereitungszeit ca. 30 Min.
Portion ca. 470 kcal
E 32 g · F 32 g · KH 11 g

Mal anders gewürzt

Die Schmandcreme können Sie statt mit Meerrettich auch mit Senf und fein gehacktem Dill abschmecken.

mit Ei

Dreierlei pikante Spiegeleier

Zutaten für 2–3 Personen:

- **1 kleine Schillerlocke (75 g)**
  oder anderer Räucherfisch
- **½ Bund Schnittlauch**
- **2 Lauchzwiebeln**
- **½–1 Paprikaschote (z. B. rot)**
- **4 dünne Scheiben Salami**
- **8 paprikagefüllte Oliven**
- **1–2 EL Butter/Margarine**
- **6 Eier**
- **Salz, Pfeffer, Chilipulver**
- **evtl. einige Salatblätter**
- **6 Scheiben Bauernbrot**

1 Räucherfisch in Scheiben schneiden. Schnittlauch waschen und fein schneiden. Lauchzwiebeln und Paprika putzen, waschen und klein schneiden. Salami halbieren und Oliven in Scheiben schneiden.

2 Hälfte Fett erhitzen. 3 Eier hineinschlagen und je 1 mit Räucherfisch und Schnittlauch, mit Lauchzwiebeln und Paprika bzw. Salami und Oliven belegen. Bei milder Hitze 2–4 Minuten braten, dann würzen. Genauso 3 weitere Spiegeleier braten.

3 Salat putzen, waschen und trocken tupfen. Brote damit belegen. Die Spiegeleier darauf anrichten. **Getränk:** kühles Bier.

Zubereitungszeit ca. 20 Min.
Portion ca. 600 kcal
E 28 g · F 30 g · KH 50 g

Frische-Test

Die Schwimmprobe: Legen Sie das Ei in ein Glas mit kaltem Wasser. Sehr frische Eier bleiben am Boden liegen. 1–2 Wochen alte Eier richten sich leicht auf. Alte Eier schwimmen an der Oberfläche. Diese sollte man nicht mehr für Spiegeleier & Co., sondern möglichst nur noch gut durchgegart essen.

Gemüse-Rührei
mit Schafskäse

Zutaten für 4 Personen:

- 2 kleine Zwiebeln
- 2 kleine Paprikaschoten
  (z. B. grün und rot)
- 3 Tomaten
- 4 Stiele Oregano
- 100 g Schafskäse
- 4 EL Olivenöl
- Salz, schwarzer Pfeffer
- 6–8 Eier

1 Zwiebeln schälen. Paprika putzen und waschen. Alles fein würfeln. Tomaten waschen, vierteln und in kleine Stücke schneiden. Oregano waschen und, bis auf einige Blättchen zum Garnieren, abzupfen. Käse mit einer Gabel zerdrücken.

2 Öl in einer beschichteten Pfanne erhitzen. Zwiebel- und Paprika- würfel darin ca. 2 Minuten anbraten. Tomaten so lange mitdünsten, bis die gesamte Flüssigkeit verdampft ist. Mit Salz und Pfeffer abschmecken.

3 Eier verquirlen und über das Gemüse gießen. Sobald die Eier zu stocken beginnen, Käse und Oregano darüberstreuen. Mit Pfeffer und etwas Salz würzen. Unter Rühren stocken lassen. Mit übrigem Oregano garnieren. Dazu passt Weißbrot. **Getränk:** kühler weißer Landwein.

Zubereitungszeit ca. 25 Min.
Portion ca. 320 kcal
E 17 g · F 25 g · KH 5 g

Bauernfrühstück mit Pfifferlingen

Zutaten für 2–3 Personen:

- **600 g große Kartoffeln**
- **1 EL Öl**
- **50 g Frühstücksspeck (Bacon)**
- **150 g frische oder 1 Glas (212 ml) Pfifferlinge**
- **1 kleine Stange Porree (Lauch)**
- **6 Eier**
- **Salz**
- **weißer Pfeffer**
- **½ Bund Petersilie**

1 Kartoffeln schälen, waschen und grob würfeln. Das Öl in einer Pfanne erhitzen. Speck darin ausbraten, herausnehmen. Kartoffeln unter Wenden im Speckfett ca. 10 Minuten braten.

2 Pfifferlinge putzen und evtl. kurz waschen, große Pilze halbieren. Porree putzen, waschen und in Ringe schneiden. Beides zu den Kartoffeln geben und ca. 8 Minuten weiterbraten.

3 Eier mit einem Schneebesen gut verquirlen. Mit Salz und Pfeffer würzen. Eier zu den Kartoffeln in die Pfanne gießen und bei schwacher Hitze stocken lassen. Dabei alles ab und zu mit einem Bratenwender zusammenschieben.

4 Petersilie waschen und fein hacken. Bauernfrühstück mit dem Speck anrichten. Petersilie darüberstreuen.
Getränk: leichter Rotwein oder kühles Bier.

Zubereitungszeit ca. 30 Min.
Portion ca. 490 kcal
E 23 g · F 28 g · KH 33 g

Senfeier mit Püree & Röstzwiebeln

Zutaten für 4 Personen:

- 1 kg Kartoffeln
- Salz, weißer Pfeffer
- 3–4 Zwiebeln
- 5–6 gestrichene EL Mehl
- 2 EL Öl
- 8 Eier
- 4 EL Butter/Margarine
- ½ l Milch
- 1 TL Gemüsebrühe
- 2–3 EL mittelscharfer Senf
- 2–3 Stiele Petersilie

1 Kartoffeln schälen, waschen und grob würfeln. In Salzwasser zugedeckt ca. 20 Minuten kochen.

2 Zwiebeln schälen und, bis auf eine, in feine Ringe schneiden. In 2–3 EL Mehl wenden und im heißen Öl rundherum goldbraun braten. Zwiebelringe herausnehmen und auf Küchenpapier abtropfen lassen.

3 Eier ca. 8 Minuten wachsweich kochen. Übrige Zwiebel fein würfeln. In 3 EL heißem Fett anschwitzen. 3 EL Mehl darüberstäuben, anschwitzen. Mit je ¼ l Wasser und Milch ablöschen, aufkochen. Brühe einrühren, ca. 5 Minuten köcheln. Senf einrühren. Soße mit Salz und Pfeffer abschmecken.

4 Petersilie waschen und hacken. Eier abschrecken. Kartoffeln abgießen. ¼ l Milch und 1 EL Fett zu den Kartoffeln geben, alles zerstampfen. Eier schälen und halbieren. Alles anrichten, mit Petersilie bestreuen. **Getränk:** kühles Bier.

Zubereitungszeit ca. 30 Min.
Portion ca. 600 kcal
E 26 g · F 32 g · KH 48 g

„Das Ei ist hart"

Damit die Eier hier auch wirklich wachsweich bleiben und nicht nachgaren, diese gut abschrecken und erst zum Schluss in die heiße Soße geben.

Sesam-Pfannkuchen mit gebratenem Feta

Zutaten für 2 Personen:

- 2 Eier
- 7 EL Milch
- Salz
- 75 g Mehl
- 1 Msp. Backpulver
- 75–100 g Feta oder Schafskäse
- 2–3 EL Paniermehl
- 1 Bund glatte Petersilie
- 4 Tomaten
- 1–2 EL Weißwein-Essig
- Pfeffer, Zucker
- 4 EL Öl
- 1 EL Sesam
- 1–2 EL Mineralwasser mit Kohlensäure
- 3–4 EL Tsatsiki-Quark

1 Eier, Milch und 1 Prise Salz verrühren. Mehl und Backpulver unterrühren. Ca. 10 Minuten quellen lassen. Käse in 4–8 Streifen schneiden. Im Paniermehl wenden und die Panade leicht andrücken.

2 Petersilie waschen, in feine Streifen schneiden. Tomaten waschen und grob würfeln. Essig, Salz, Pfeffer, 1 Prise Zucker und 1 EL Öl verschlagen. Mit Tomaten und Petersilie mischen.

3 Sesam und Mineralwasser unter den Teig rühren. Jeweils ½ EL Öl in einer beschichteten Pfanne (20 cm Ø) erhitzen. Darin aus dem Teig nacheinander 4 Pfannkuchen backen.

4 1 EL Öl in der Pfanne erhitzen. Feta darin pro Seite 1–2 Minuten goldbraun braten. Pfannkuchen mit Salat und Feta füllen. Mit einem Klecks Tsatsiki anrichten.
Getränk: kühler Weißwein.

Zubereitungszeit ca. 30 Min.
Portion ca. 580 kcal
E 24 g · F 35 g · KH 37 g

Kräuter-Pilz-Schmarren

Zutaten für 2 Personen:

- 2 Eier
- ¼ l fettarme Milch
- 80 g Mehl
- Salz
- 1 kleine Zwiebel
- 2 TL Öl
- 1 Packung (200 g) passierte Tomaten
- schwarzer Pfeffer
- ½ Bund Schnittlauch
- ½ Bund Petersilie
- 100 g Champignons

1 Eier trennen. Eiweiß kalt stellen. Eigelb, Milch, Mehl und 1 Prise Salz zum glatten Teig verrühren. Den Teig ca. 10 Minuten quellen lassen.

2 In der Zwischenzeit Zwiebel schälen und fein würfeln. 1 TL Öl in einem kleinen beschichteten Topf erhitzen. Zwiebel darin glasig andünsten. Tomaten zufügen und ca. 5 Minuten köcheln. Mit Salz und Pfeffer abschmecken.

3 Kräuter waschen und fein schneiden. Pilze putzen, waschen und klein schneiden. Eiweiß steif schlagen. Mit Hälfte Kräuter unter den Teig heben.

4 In einer beschichteten Pfanne 1 TL Öl erhitzen. Pilze darin goldbraun braten. Teig zugießen, von beiden Seiten goldgelb backen. Mit 2 Gabeln in Stücke reißen, kurz weiterbacken.

5 Rest Kräuter unter die Tomatensoße rühren. Mit dem Schmarren anrichten.
Getränk: kühles Mineralwasser.

Zubereitungszeit ca. 30 Min.
Portion ca. 330 kcal
E 17 g · F 11 g · KH 39 g

Das zaubern Sie

Keine Zeit zum Einkaufen gehabt? Überraschungsgäste? Diese raffinierten Gerichte sind ruck, zuck aus dem Vorrat gemacht!

mit links!

Schinken-Geschnetzeltes mit Rösti-Ecken

Zutaten für 4 Personen:

- 2 mittelgroße Zwiebeln
- 1 Stange (250 g) Porree (Lauch)
- 1 Dose (850 ml) Champignons
- 1 Packung (450 g) TK-Rösti-Ecken
- 1–2 EL Öl
- ⅛ l Weißwein
- 125 g Schlagsahne
- 1 TL Gemüsebrühe
- 2 kleine Gewürzgurken (Glas)
- 1 Packung (200 g) Kochschinken
- 1–2 EL heller Soßenbinder
- Salz, weißer Pfeffer
- ½ Bund Petersilie
- Backpapier

1 Backofen vorheizen (E- Herd: 225 °C/Umluft: 200 °C/Gas: Stufe 4). Zwiebeln schälen, fein würfeln. Porree putzen, waschen und in dünne Ringe schneiden. Pilze gut abtropfen lassen.

2 Rösti unaufgetaut auf ein mit Backpapier ausgelegtes Backblech legen. Im heißen Ofen zunächst ca. 12 Minuten backen.

3 In der Zwischenzeit Pilze im heißen Öl kräftig anbraten. Zwiebeln und Porree kurz mitbraten. ¼ l Wasser, Wein, Sahne und Brühe einrühren. Aufkochen und ca. 4 Minuten köcheln. Rösti wenden und 8 Minuten weiterbacken. Gurken in Scheiben und Schinken in Streifen schneiden.

4 Soßenbinder in die Soße rühren, aufkochen. Gurken und Schinken darin erhitzen, würzen. Petersilie waschen und, bis auf etwas, hacken. Alles anrichten, mit Petersilie bestreuen und garnieren. **Getränk:** kühles Mineralwasser.

Zubereitungszeit ca. 30 Min.
Portion ca. 520 kcal
E 18 g · F 29 g · KH 37 g

Champignons in Gorgonzola-Sahne

Zutaten für 4 Personen:

- 2 mittelgroße Zwiebeln
- 2 Dosen (à 850 ml) ganze Champignons
- 1–2 EL Butter/Margarine
- 200 g TK-Erbsen
- Salz
- weißer Pfeffer
- 100 g Schlagsahne
- evtl. 5 EL trockener Weißwein
- 150 g Gorgonzola
- 2–3 EL heller Soßenbinder
- 8 dünne Scheiben (ca. 150 g) roher geräucherter Schinken

1 Zwiebeln schälen und fein würfeln. Pilze abtropfen lassen. Fett in einer großen oder 2 Pfannen erhitzen. Zwiebeln darin glasig dünsten. Die Pilze zugeben und bei starker Hitze ca. 5 Minuten braten.

2 Erbsen zugeben, alles mit Salz und Pfeffer würzen. $\frac{3}{8}$ l Wasser, Sahne und Wein einrühren. Aufkochen und ca. 5 Minuten köcheln.

3 Käse würfeln. Unter Rühren in der Soße schmelzen. Soße binden und abschmecken. Alles mit Schinken anrichten. Dazu schmeckt Bauernbrot. **Getränk:** kühle Weinschorle oder Roséwein.

Zubereitungszeit ca. 30 Min.
Portion ca. 470 kcal
E 33 g · F 28 g · KH 16 g

Fleisch-Pie
mit Püree-Haube

Zutaten für 4–6 Personen:

- 1 Dose (425 ml) Champignons
- 2 Dosen (à 340 g) Corned beef
- 1 EL Öl
- 1 große Zwiebel
- 2–3 Knoblauchzehen
- Salz, Pfeffer, Edelsüß-Paprika
- 250 ml Milch
- 2 Beutel Kartoffelpüree
  (à 3 Portionen, für je ½ l Flüssigkeit)
- gemahlene Muskatnuss
- 1 EL Butter
- 1–2 EL Tomatenmark
- Zucker
- Fett für die Form
- 75 g geriebener Cheddar
- ½ Bund Schnittlauch

1 Backofen vorheizen (E-Herd: 200 °C/Umluft: 175 °C/Gas: Stufe 3). Pilze abtropfen lassen, halbieren. Corned beef zerbröseln. Mit Pilzen in einer großen Pfanne im heißen Öl kurz unter Wenden anbraten.

2 Zwiebel schälen und grob würfeln. Knoblauch schälen und grob hacken. Zwiebel und Knoblauch zum Fleisch geben und mit anbraten. Mit Salz, Pfeffer und Edelsüß-Paprika abschmecken.

3 Inzwischen 750 ml Wasser und Salz aufkochen. Topf von der Kochstelle nehmen, Milch zufügen. Püreeflocken einrühren. Mit Salz, Muskat und Butter abschmecken. Tomatenmark unter das Corned beef rühren. Nochmals mit Salz, Pfeffer, Zucker und Edelsüß-Paprika abschmecken.

4 Fleischmasse in eine gefettete Auflaufform geben. Püree gleichmäßig darauf verteilen und mit Käse bestreuen. Pie im vorgeheizten Backofen ca. 15 Minuten goldbraun überbacken.

5 Schnittlauch waschen und in Röllchen schneiden. Pie aus dem Ofen nehmen und mit Schnittlauchröllchen bestreuen.
Getränk: kühler Weißwein oder Cidre.

Zubereitungszeit ca. 30 Min.
Portion ca. 390 kcal
E 33 g · F 16 g · KH 25 g

Rösti-Auflauf mit Bratwürstchen

Zutaten für 4 Personen:

- 1 Paprikaschote (z. B. rot)
- ½ Bund Lauchzwiebeln
- 1 Packung (750 g) Kartoffelpufferteig für Reibekuchen (Kühlregal)
- 1 Ei
- Salz, weißer Pfeffer
- geriebene Muskatnuss
- 2 EL Öl
- 1 Packung (300 g) Nürnberger Rostbratwürstchen
- Fett für die Form
- evtl. Petersilie zum Garnieren

1 Backofengrill vorheizen. Paprika putzen, waschen und in feine Würfel schneiden. Lauchzwiebeln putzen und in feine Ringe schneiden. Kartoffelpufferteig, Paprika, Lauchzwiebeln und Ei verkneten. Mit Salz, Pfeffer und Muskat würzen.

2 In 2 großen Pfannen je 1 EL Öl erhitzen. In einer Pfanne die Kartoffelmasse krümelig braten. In der anderen Pfanne die Würstchen rundherum anbraten.

3 Kartoffelmasse in eine große gefettete Auflaufform füllen und gleichmäßig verteilen. Würstchen auf der Masse verteilen und unter dem heißen Grill ca. 20 Minuten backen. Mit Petersilie garnieren und sofort servieren.
Getränk: kühles Bier.

Zubereitungszeit ca. 30 Min.
Portion ca. 670 kcal
E 25 g · F 40 g · KH 48 g

Gnocchi mit Käse und Speck

Zutaten für 4 Personen:

- **2 EL Butter/Margarine**
- **800 g Gnocchi (Kühlregal)**
- **Salz**
- **weißer Pfeffer**
- **geriebene Muskatnuss**
- **100 g Bergkäse (Stück)**
- **50 g Parmesan (Stück)**
- **½ Bund Schnittlauch**
- **100 g roher Schinken in Scheiben (z. B. Südtiroler Speck)**

1 Backofen vorheizen (E-Herd: 200 °C/Umluft: 175 °C/Gas: Stufe 3). Fett in einer ofenfesten Pfanne schmelzen. Gnocchi darin ca. 5 Minuten braten, zwischendurch umdrehen. Mit Salz, Pfeffer und Muskat abschmecken.

2 Gesamten Käse raspeln und über die Gnocchi streuen. Im heißen Backofen ca. 5 Minuten überbacken.

3 Schnittlauch waschen und in Röllchen schneiden. Speckscheiben auf den Gnocchi verteilen und Schnittlauch darüberstreuen. **Getränk:** roter Landwein.

Zubereitungszeit ca. 20 Min.
Portion ca. 630 kcal
E 19 g · F 32 g · KH 61 g

Feine Schweinerei

Südtiroler Speck ist eine norditalienische Spezialität. Er wird nur leicht geräuchert und anschließend luftgetrocknet. Dadurch bekommt der Schinken sein würziges Aroma.

Nizza-Salat mit Oliven

Zutaten für 4 Personen:

- 300 g TK-Brechbohnen
- Salz
- 4 Eier
- 1 kleiner Kopf Eisbergsalat
- 100 g paprikagefüllte Oliven
- 3 Zwiebeln
- 1 Dose (210 ml) Thunfisch naturell
- 2 weiße Spitzpaprika
- 6 EL Essig
- weißer Pfeffer
- Zucker
- 6 EL Olivenöl

1 Bohnen in kochendem Salzwasser ca. 10 Minuten garen. Abtropfen lassen. Eier hart kochen. Abschrecken, schälen und abkühlen lassen.

2 Inzwischen Eisbergsalat putzen, waschen, in Stücke schneiden. Oliven halbieren. Zwiebeln schälen und in feine Ringe schneiden. Thunfisch abtropfen lassen und mit zwei

Gabeln kleiner zupfen. Paprika putzen, waschen und in Ringe schneiden.

3 Essig, Salz, Pfeffer und etwas Zucker verrühren. Öl darunterschlagen. Eier achteln.

4 Vorbereitete Salatzutaten und Vinaigrette mischen. Kurz ziehen lassen, evtl. nachwürzen und portionsweise anrichten. Dazu passt Baguette.
Getränk: kühler Roséwein.

Zubereitungszeit ca. 30 Min.
Portion ca. 360 kcal
E 18 g · F 27 g · KH 8 g

Curry-Geschnetzeltes
à la Student

Zutaten für 4 Personen:

- 1 Zwiebel
- 1–2 EL Öl
- 150 g Studentenfutter
- 1 gestrichener EL Mehl
- 2–3 TL Curry
- 300 g TK-Erbsen
- ca. 400 g geräucherter
  Putenbrust-Aufschnitt
  (Stück; Kühltheke)
- 300 g Sahnejoghurt
- Salz
- weißer Pfeffer

1 Zwiebel schälen und in grobe Würfel schneiden. Im heißen Öl glasig dünsten. Studentenfutter zufügen und kurz rösten. Mehl und Curry darüberstäuben und anschwitzen. Ca. ⅜ l Wasser einrühren und aufkochen. Erbsen zugeben und alles zugedeckt ca. 5 Minuten köcheln.

2 Putenbrust in grobe Streifen schneiden und in der Soße erhitzen. Joghurt einrühren (nicht mehr kochen). Geschnetzeltes mit Salz und Pfeffer abschmecken. Dazu passt Fladenbrot oder Baguettebrötchen. **Getränk:** kühles Bier.

Zubereitungszeit ca. 25 Min.
Portion ca. 490 kcal
E 33 g · F 24 g · KH 31 g

Fleisch auf Vorrat
Statt mit Putenbrust-Aufschnitt können Sie das Geschnetzelte auch mit Schweine- oder Putenschnitzel zubereiten. Kaufen Sie doch gleich mehr, wenn das Fleisch im Angebot ist und frieren Sie es ein. Dafür am besten in ca. 1 cm dicke Scheiben schneiden und in Gefrierbeutel verpacken. Zum Auftauen im Beutel in heißes Wasser oder in die Mikrowelle legen.

Sauerkrauttopf mit Cabanossi

Zutaten für 4 Personen:

- **1 Dose (850 ml) Sauerkraut**
- **750 g große Kartoffeln**
- **4 TL Gemüsebrühe**
- **1 Stange (350 g) Porree (Lauch)**
- **200 g Cabanossi**
- **Salz**
- **weißer Pfeffer**
- **gemahlener Kümmel**
- **evtl. Petersilie zum Garnieren**
- **100 g Crème fraîche**

1 Sauerkraut evtl. in einem Sieb abtropfen lassen. Kartoffeln schälen, waschen und in grobe Würfel schneiden. 1 l Wasser, Brühe und Kartoffelwürfel aufkochen. Zugedeckt ca. 10 Minuten garen.

2 Porree putzen, waschen und in Ringe schneiden. Cabanossi längs halbieren, in Scheiben schneiden. Sauerkraut, Porree und Cabanossi zu den Kartoffeln geben und weitere 10 Minuten garen. Suppe mit Salz, Pfeffer und Kümmel würzen.

3 Petersilie waschen, trocken tupfen und hacken. Suppe auf 4 Teller verteilen, Crème fraîche als Klecks daraufgeben und mit Petersilie bestreuen.
Getränk: kühles Mineralwasser.

Zubereitungszeit ca. 30 Min.
Portion ca. 440 kcal
E 18 g · F 27 g · KH 29 g

Extra-Tipp
Statt frischen Porree können Sie auch Suppengemüse oder Suppengrün aus der Kühltruhe nehmen.

Kasseler-Nudelpfanne

Zutaten für 4 Personen:

- Salz
- 1 Packung (375 g) TK-Suppengemüse
- 1 mittelgroße Zwiebel
- 2 Knoblauchzehen
- 250 g Nudeln (z. B. Penne)
- 2 EL Öl
- 2 EL Tomatenmark
- 2 TL getrockneter Oregano
- 1 EL Gemüsebrühe
- 1 Dose (425 ml) weiße Bohnen
- 400 g ausgelöstes Kasseler (Stück; Kühltheke)
- schwarzer Pfeffer
- 100 g Feta oder Schafskäse
- evtl. Oregano zum Garnieren

1 Für die Nudeln reichlich Salzwasser aufkochen. Zwiebel und Knoblauch schälen und würfeln. Nudeln in das Salzwasser geben und ca. 10 Minuten bissfest garen.

2 Öl in einer großen tiefen Pfanne erhitzen. Gemüse, Zwiebel und Knoblauch darin anbraten. Tomatenmark und Oregano zugeben, kurz anschwitzen. ½ l Wasser zugießen, aufkochen und Brühe einrühren. Soße ca. 10 Minuten leicht einkochen.

3 Bohnen in ein Sieb gießen und abtropfen lassen. Kasseler in Würfel schneiden. Bohnen, Kasseler und Nudeln unter die Soße mischen und darin erwärmen. Mit Salz und Pfeffer abschmecken. Mit zerbröckeltem Feta bestreuen und mit Oregano garnieren.
Getränk: kühler Roséwein.

Zubereitungszeit ca. 25 Min.
Portion ca. 470 kcal
E 52 g · F 20 g · KH 84 g

Gourmet-Küche

Ein paar feine Zutaten und ein halbes Stündchen Zeit – mehr brauchen Sie nicht, um Ihre Gäste mit einer kleinen Schlemmerei zu verblüffen

für Eilige

Lachs-Curry mit Garnelen

Zutaten für 4 Personen:

- 200 g Basmati-&-Wildreis-Mischung
- Salz, Pfeffer
- 1 Zwiebel, 1 Knoblauchzehe
- 1 Chilischote
- 1 walnussgroßes Stück frischer Ingwer
- 1 EL Butterschmalz
- ½ TL Kurkuma
- 1 Dose (400 ml) ungesüßte Kokosmilch
- Saft von 1 Limette
- 400 g Lachsfilet ohne Haut
- 12 Garnelen (ca. 200 g)
- evtl. Koriander und Bio-Limettenscheiben zum Garnieren

1 Reis in 400 ml kochendes Salzwasser geben und zugedeckt bei milder Hitze ca. 20 Minuten ausquellen lassen. Inzwischen Zwiebel und Knoblauch schälen. Zwiebel fein würfeln. Chilischote längs einritzen und entkernen. Chili und Knoblauch fein hacken. Ingwer schälen und fein reiben.

2 Butterschmalz in einer großen Pfanne erhitzen. Knoblauch, Zwiebel, Ingwer und Chili darin glasig dünsten. Mit Kurkuma bestäuben und mit Kokosmilch ablöschen. Mit Salz, Pfeffer und Hälfte Limettensaft würzen. 5 Minuten bei schwacher Hitze einkochen.

3 Lachs waschen, trocken tupfen und in Würfel schneiden. Garnelen waschen und, bis auf die Schwanzflosse, schälen. Am Rücken längs einschneiden, dunklen Darm entfernen. Lachs und Garnelen mit Salz und Pfeffer würzen. Mit Rest Limettensaft beträufeln, im Kokossud bei schwacher Hitze 6–8 Minuten ziehen lassen.

4 Reis evtl. abgießen und abtropfen lassen. Reis in 4 kalt ausgespülte Förmchen füllen und auf 4 Teller stürzen. Lachs-Curry dazugeben, mit Koriander und Limettenscheiben garnieren. **Getränk:** kühler Weißwein.

Zubereitungszeit ca. 30 Min.
Portion ca. 600 kcal
E 33 g · F 31 g · KH 44 g

Gourmet

Feines Bohnenpüree mit Thunfisch

Zutaten für 6 Personen:

- 2 Dosen (à 425 ml) weiße Bohnen
- 1 Dose (210 ml) Thunfisch in Öl
- 2 Knoblauchzehen
- 5–7 EL Olivenöl
- Salz
- schwarzer Pfeffer
- Saft von ½ Zitrone
- 2 mittelgroße Tomaten
- evtl. Thymian zum Garnieren

1 Die Bohnen abspülen, abtropfen lassen und in eine Schüssel geben. Thunfisch abtropfen lassen. Knoblauch schälen und grob hacken. Mit ⅔ Thunfisch und 4–6 EL Olivenöl zu den Bohnen geben. Alles mit dem Schneidstab fein pürieren. Mit Salz, Pfeffer und Zitronensaft abschmecken.

2 Tomaten waschen und in Scheiben schneiden. Je 1 Scheibe in einen Servierlöffel oder ein Schälchen legen und 1 gehäuften EL Bohnenpüree darauf verteilen. Rest Thunfisch zerpflücken und mit Thymian als Garnierung daraufgeben. Mit 1 EL Öl beträufeln und mit Pfeffer bestreuen. Dazu Brot oder Brötchen reichen. **Getränk:** trockener Rotwein.

Zubereitungszeit ca. 20 Min.
Portion ca. 220 kcal
E 11 g · F 13 · KH 14 g

Mal anders serviert
Statt in Löffeln oder Schälchen kann man das Püree auch auf knackigen Salatblättern anrichten.

Geschnetzeltes à la Stroganoff

Zutaten für 4 Personen:

- 200 g Langkorn-Reis
- Salz, Pfeffer
- 500 g Schweine- oder Putenschnitzel
- 200 g Schalotten oder kleine Zwiebeln
- 300 g Champignons
- 200 g Gewürzgurken (Glas)
- 1–2 EL Öl
- 1 TL Gemüsebrühe
- 75 g Crème fraîche
- 1 TL heller Soßenbinder
- 1 EL mittelscharfer Senf
- evtl. Petersilie zum Garnieren

1 Reis in gut 400 ml kochendes Salzwasser geben. Zugedeckt bei schwacher Hitze ca. 20 Minuten ausquellen lassen.

2 Fleisch waschen, trocken tupfen und in schmale Streifen schneiden. Schalotten schälen, in Spalten schneiden. Champignons putzen, waschen und halbieren oder vierteln. Gurken in Scheiben schneiden.

3 Öl in einer beschichteten Pfanne erhitzen. Fleisch darin kräftig anbraten. Herausnehmen. Schalotten und Champignons im heißen Bratfett ca. 5 Minuten braten. Fleisch wieder zufügen, alles mit Salz und Pfeffer würzen. 250 ml Wasser, Brühe und Crème fraîche einrühren. Aufkochen und binden. Gurken zufügen. Mit Senf, Salz und Pfeffer abschmecken.

4 Reis evtl. in 4 kleine kalt ausgespülte Tassen füllen, gut andrücken und auf Teller stürzen. Alles anrichten. Mit Petersilie garnieren.
Getränk: kühles Mineralwasser oder Weißwein.

Zubereitungszeit ca. 30 Min.
Portion ca. 390 kcal
E 30 g · F 8 g · KH 46 g

Lachsröllchen mit Salatherzen

Zutaten für 4 Personen:

- 1 Bio-Orange
- 1 Bund Basilikum
- 1 EL Kapern (Glas)
- 125 g Ricotta (ital. Frischkäse)
- Salz
- Pfeffer
- 150 g geräucherter Lachs in Scheiben
- 2 EL Essig
- 1 TL scharfer Senf
- 3 EL Walnussöl
- 3 Salatherzen oder
  Mini-Romanasalate
- Frischhaltefolie

1 Die Orange heiß waschen, trocken tupfen und 1 EL Schale fein abreiben. Basilikum waschen. Ca. 10 Blättchen und Kapern fein hacken. Ricotta, gehackte Basilikumblätter, Kapern und Orangenschale verrühren. Mit Salz und Pfeffer würzen.

2 Lachsscheiben leicht überlappend nebeneinander auf Folie legen. Übrige Basilikumblätter, bis auf einige zum Garnieren, darauf verteilen. Ricottamasse gleichmäßig darauf verstreichen. Lachs mithilfe der Folie aufrollen. Sofort ins Gefrierfach legen.

3 Orange so schälen, dass die weiße Haut vollständig entfernt wird. Filets mit einem scharfen Messer zwischen den Trennhäuten herauslösen, dabei Saft auffangen. Essig, Senf und aufgefangenen Orangensaft verrüh-

ren, Öl darunterschlagen, mit Salz und Pfeffer abschmecken. Salatherzen putzen, waschen, trocken tupfen und in Spalten schneiden. Mit den Orangenfilets auf Tellern anrichten. Orangensoße darübergießen.

4 Lachsroulade aus der Folie nehmen und in ca. 2 cm dicke Scheiben schneiden. Auf dem Salat anrichten und mit Basilikumblättchen garnieren. Dazu passt Toast.
Getränk: kühler Prosecco.

Zubereitungszeit ca. 30 Min.
Portion ca. 230 kcal
E 12 g · F 18 g · KH 6 g

Filetgratin „Tomate-Mozzarella"

Zutaten für 3–4 Personen:

- 600 g Schweinefilet
- 3–4 EL Öl (z. B. Olivenöl)
- Salz
- weißer Pfeffer
- 500 g Tomaten
- 250 g Mozzarella
- 1 Bund/Töpfchen Basilikum
- Fett für die Form

1 Den Backofen vorheizen (E-Herd: 250 °C/Umluft: 225 °C/Gas: Stufe 5). Filet waschen, trocken tupfen und in 1 ½–2 cm dicke Scheiben schneiden. 2 EL Öl in einer großen Pfanne erhitzen. Fleisch darin portionsweise von jeder Seite kurz anbraten. Mit Salz und Pfeffer würzen, herausnehmen.

Tomaten waschen und in dicke Scheiben schneiden. Mozzarella ebenfalls in Scheiben schneiden. Basilikum waschen und die Blättchen abzupfen.

3 Eine flache Auflauf- oder Pieform (ca. 24 cm Ø) fetten. Fleisch, Tomaten und Mozzarella dachziegelartig einschichten, dabei ¾ Basilikum zwischen die Scheiben legen. Mit 1–2 EL Öl beträufeln und würzen. Im heißen Backofen 10–15 Minuten gratinieren. Mit Rest Basilikum garnieren. Dazu schmeckt Ciabatta. **Getränk:** leichter Rotwein.

Zubereitungszeit ca. 30 Min.
Portion ca. 400 kcal
E 47 g · F 21 g · KH 4 g

Filetsteak mit Kräuter-Bandnudeln

Zutaten für 4 Personen:

- 250 g Bandnudeln
- Salz
- 1 Bund (ca. 50 g) Rucola (Rauke)
- 1 Packung (250 ml)
  Sauce Hollandaise
- Saft und Schale von 1 Bio-Zitrone
- weißer Pfeffer
- 2 EL Öl
- 4 Rinderfiletsteaks (à ca. 150 g)
- grob zerstoßener bunter Pfeffer
- evtl. Rosmarinzweige zum Garnieren

1 Nudeln in kochendem Salzwasser ca. 10 Minuten garen. Rucola waschen, trocken tupfen und in kleinere Stücke zupfen. Soße erwärmen, mit 2 EL Zitronensaft und -schale verfeinern. Mit Salz und Pfeffer würzen.

2 Öl in einer großen Pfanne erhitzen. Steaks trocken tupfen und von jeder Seite 3–4 Minuten braten. Herausnehmen, mit Salz würzen. Nudeln abgießen und Rucola darunterheben.

3 Nudeln mit Soße und Steaks auf Tellern anrichten. Steaks mit buntem Pfeffer bestreuen. Alles mit Rosmarinzweigen garnieren. **Getränk:** trockener Rotwein.

Zubereitungszeit ca. 20 Min.
Portion ca. 540 kcal
E 40 g · F 19 g · KH 48 g

Innen rosa oder durch?

Die Bratzeiten für Steaks lassen sich nicht auf die Sekunde genau angeben und sind eher Richtwerte. Für ein ca. 2 cm dickes Rumpsteak gelten folgende Bratzeiten pro Seite:
„rare" (blutig)
1–1½ Minuten kräftig braten;
„medium" (rosa)
½ Minute an- und dann
1½–2 Minuten weiterbraten;
„well done" (durch)
½ Minute an- und dann
2½ Minuten weiterbraten.

Lammkoteletts mit Thymian-Bohnen

Zutaten für 4 Personen:

- Salz
- 8 Lammstielkoteletts (à ca. 70 g)
- 2–3 EL Olivenöl
- schwarzer Pfeffer
- 400 g TK-Prinzessbohnen
- 1 Schalotte oder ½ kleine Zwiebel
- 2 Kirschtomaten
- 1–2 EL Essig
- Zucker
- 2–3 Stiele Thymian
- ⅛ l Milch
- 1 Beutel Kartoffelpüree
  (3 Portionen; für ½ l Flüssigkeit)
- 100 g getrocknete Tomaten

1 Ca. ½ l Salzwasser aufkochen. Lammkoteletts waschen, trocken tupfen. 1 EL Öl in einer Pfanne erhitzen. Koteletts darin 8–10 Minuten bei mittlerer Hitze von beiden Seiten braten. Mit Salz und Pfeffer würzen. Aus der Pfanne nehmen, warm stellen.

2 Etwas Bratfett abgießen und den Bratensatz mit 1 EL Wasser ablöschen. Bohnen ins kochende Salzwasser geben, ca. 7 Minuten garen.

3 Schalotte schälen und fein würfeln. Kirschtomaten waschen und klein schneiden. Noch warmen Bratensatz mit Essig verrühren, Schalotte und Tomaten zufügen, mit Salz, Pfeffer, 1 Prise Zucker und Thymian abschmecken. 1–2 EL Öl darunterschlagen.

4 375 ml Wasser mit ½ TL Salz aufkochen. Topf von der Kochstelle nehmen und kalte Milch dazugeben. Püreeflocken mit einem Rührlöffel darunterrühren. Getrocknete Tomaten in kleine Stücke schneiden und unter das Kartoffelpüree heben.

5 Bohnen abgießen und abtropfen lassen. Dann mit der Marinade mischen. Alles anrichten.
Getränk: trockener Rotwein.

Zubereitungszeit ca. 30 Min.
Portion ca. 540 kcal
E 36 g · F 30 g · KH 27 g

Medaillons zu Schmortomaten

Zutaten für 4 Personen:

- 8 Tomaten (à ca. 80 g)
- Fett für die Form
- 30 g Parmesan
- ½ Bund Petersilie
- abgeriebene Schale von ½ Bio-Zitrone
- 1 EL weiche Butter
- 8 Schweinemedaillons (à ca. 60 g)
- Salz
- Pfeffer
- 5 EL Öl
- ½ Baguettebrot
- 2 Knoblauchzehen
- evtl. Bio-Zitrone und Melisse zum Garnieren

1 Den Backofen vorheizen (E-Herd: 200 °C/Umluft: 175 °C/Gas: Stufe 3). Tomaten waschen, kreuzweise einritzen und in eine ofenfeste gefettete Form setzen. Parmesan reiben. Petersilie waschen und fein hacken. Käse, Petersilie, Zitronenschale und Butter verrühren und auf die Tomaten verteilen. Tomaten im heißen Backofen 12–15 Minuten backen.

2 Medaillons mit Salz und Pfeffer würzen. 2 EL Öl in einer Pfanne erhitzen. Medaillons darin von jeder Seite ca. 3 Minuten braten. Fleisch herausnehmen, warm stellen.

3 Brot in Scheiben schneiden. Knoblauch schälen und fein hacken. 3 EL Öl in der Pfanne erhitzen. Knoblauch zugeben und die Brotstücke darin von beiden Seiten braten. Tomaten, Medaillons und Knoblauchbrot auf einer Platte anrichten. Mit Zitrone und Melisse garnieren.
Getränk: kühler Roséwein.

Zubereitungszeit ca. 30 Min.
Portion ca. 430 kcal
E 33 g · F 22 g · KH 21 g

Broccoli-Quiche mit Räucherlachs

Zutaten für 4 Personen:

- **Salz**
- **500 g Broccoli**
- **250 g Schmand**
  oder Crème fraîche
- **2 Eier**
- **schwarzer Pfeffer**
- **1 TL Zitronensaft**
- **1 Packung (230 g) Pizzateig**
  (32 cm Ø; Kühlregal)
- **150 g geräucherter Lachs**
  in Scheiben

Zubereitungszeit ca. 30 Min.
Portion ca. 520 kcal
E 19 g · F 34 g · KH 31 g

1 Backofen vorheizen: E-Herd: 250 °C/ Umluft: 225 °C/Gas: Stufe 4). Ca. ½ l Salzwasser aufkochen. Broccoli putzen, waschen, in Röschen teilen. Im kochenden Salzwasser 5 Minuten garen.

Schmand und Eier verrühren. Mit Salz, Pfeffer und Zitronensaft würzen. Teig entrollen. Samt Backpapier in eine Pizza- oder Tarteform (28 cm Ø) legen, dabei am Rand hochziehen.

3 Den Teigboden mehrmals mit einer Gabel einstechen. Broccoli gut abtropfen lassen und mit dem Lachs auf dem Teigboden verteilen. Eier-Schmand darübergießen.

Den überstehenden Teigrand zur Mitte hin wellig umklappen. Die Quiche im vorgeheizten Backofen ca. 15 Minuten goldbraun backen. **Getränk:** kühler Weißwein.

Feines von Hähn

Flugs gar und zum Abheben gut: Zartes Geflügelfleisch ist die ideale Basis für Blitzgerichte. Mit Gemüse oder Früchten kombiniert, verwöhnt es den Gaumen immer wieder auf neue Art

chen & Pute

Asia-Hähnchen aus dem Wok

Zutaten für 4 Personen:

- 1 Knoblauchzehe
- 1 TL Sambal Oelek
- 6–7 EL Sojasoße, 3 EL Öl
- 400–500 g Hähnchenfilet
- 500 g Broccoli, Salz
- 150 g Maiskölbchen (frisch o. Glas)
- 2–3 mittelgroße Möhren
- 2 große Paprikaschoten (z. B. rot)
- 3–4 Lauchzwiebeln
- 2 Beutel (à 125 g) 10-Minuten-Basmati-Reis
- 3 EL cremige Erdnussbutter

1 Knoblauch schälen, hacken. Mit ¼ TL Sambal Oelek, 2 EL Soja-soße und 1 EL Öl verrühren. Filet waschen, trocken tupfen. In Strei-fen schneiden, mit der Marinade mischen. Zugedeckt ziehen lassen.

2 Inzwischen Broccoli putzen, waschen und in kleine Röschen teilen. In wenig kochendem Salz-wasser zugedeckt ca. 3 Minuten dünsten. Abtropfen lassen.

3 Reichlich Salzwasser aufkochen. Gemüse putzen bzw. schälen und waschen. Maiskölbchen längs halbieren. Möhren in dünne Scheiben oder Stifte schneiden. Paprika und Lauchzwiebeln in kleine Stücke schneiden.

4 Reis in dem Salzwasser zu-gedeckt bei schwacher Hitze ca. 10 Minuten garen.

5 Wok oder eine große Pfanne erhitzen. Fleisch samt Mari-nade darin unter Wenden kräftig braten, herausnehmen. 2 EL Öl im Wok erhitzen. Möhren, Paprika, Mais und Zwiebeln darin unter Rühren ca. 5 Minuten braten, he-rausnehmen. Broccoli im Bratfett ca. 3 Minuten braten, herausnehmen.

6 4–5 EL Sojasoße, Rest Sambal Oelek, Erdnussbutter und knapp ¼ l Wasser zugeben. Auf-kochen. Gemüse und Fleisch zugeben, ca. 2 Minuten köcheln. Abschmecken und anrichten.
Getränk: kühles Mineralwasser.

Zubereitungszeit ca. 30 Min.
Portion ca. 590 kcal
E 37 g · F 18 g · KH 67 g

Gefüllte Hähnchenfilets

Zutaten für 4 Personen:

- 750 g Kartoffeln
- Salz, Pfeffer
- 4 Hähnchenfilets (à ca. 150 g)
- 150 g Frischkäse-Zubereitung mit Kräutern der Provence
- 1 Eigelb, 2 EL Paniermehl
- 12 Scheiben (100 g) Frühstücksspeck (Bacon)
- 250 g Kirschtomaten
- 2 EL Öl
- ca. 1 TL Geflügelbrühe
- 2 TL heller Soßenbinder

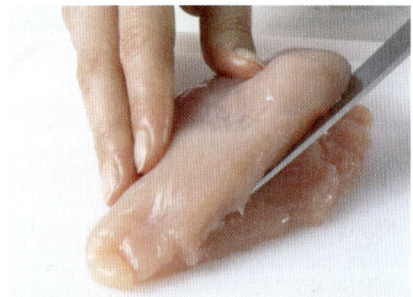

1 Kartoffeln schälen und in Salzwasser zugedeckt ca. 20 Minuten kochen. Inzwischen Fleisch waschen und trocken tupfen. Seitlich eine Tasche einschneiden, von innen salzen und pfeffern. Hälfte Frischkäse mit Eigelb und Paniermehl verkneten, in die Taschen streichen. Filets zusammenklappen und mit Speck umwickeln.

2 Tomaten waschen und halbieren. Öl in einer Pfanne erhitzen und Fleisch darin 6 Minuten rundherum braten. Tomaten zufügen, weitere 4 Minuten braten und mit Salz und Pfeffer würzen. Fleisch und Tomaten herausnehmen und warm halten.

3 Den Bratensatz mit 200 ml Wasser lösen, Brühe und übrigen Käse einrühren, aufkochen und mit Soßenbinder binden. Mit Salz und Pfeffer abschmecken. Kartoffeln abgießen. Hähnchen mit Soße, Tomaten und Kartoffeln anrichten.

Getränk: kühle Weißwein-Schorle oder trockener Cidre.

Zubereitungszeit ca. 30 Min.
Portion ca. 550 kcal
E 45 g · F 26 g · KH 30 g

Mediterrane Geflügel-Pfanne

Zutaten für 4 Personen:

- 4 Putenschnitzel (à ca. 150 g)
- 2 EL Öl
- Salz, schwarzer Pfeffer
- 1 kleine Gemüsezwiebel
- 250 g kleine Champignons
- 2 mittelgroße Zucchini
- 3 Tomaten
- je etwas Rosmarin und Thymian (frisch oder getrocknet)
- 75–100 g schwarze Oliven
- 1 TL Hühnerbrühe
- evtl. 3 EL Crème fraîche

1 Fleisch waschen, trocken tupfen und grob würfeln. In 1 EL heißem Öl in einer großen Pfanne rundherum ca. 5 Minuten goldbraun braten. Mit Salz und Pfeffer würzen, aus der Pfanne nehmen.

2 Zwiebel schälen und grob würfeln. Pilze und Gemüse putzen und waschen. Zucchini längs halbieren und in Scheiben schneiden. Tomaten grob würfeln. Kräuter waschen und hacken.

3 1 EL Öl im Bratfett erhitzen. Zwiebel, Pilze und frische Kräuter darin ca. 5 Minuten braten. Zucchini ca. 3 Minuten mitbraten. Tomaten kurz mitbraten. Mit Salz, Pfeffer und evtl. getrockneten Kräutern würzen. Fleisch und Oliven zufügen.

4 Ca. 200 ml Wasser und Brühe einrühren. Alles aufkochen und offen ca. 5 Minuten köcheln. Crème fraîche einrühren und alles abschmecken. Dazu passt Brot. **Getränk:** kühle Weinschorle.

Zubereitungszeit ca. 30 Min.
Portion ca. 270 kcal
E 40 g · F 9 g · KH 6 g

Fix variiert

Nehmen Sie statt der verwendeten Gemüsesorten Auberginen, Maiskörner, Paprika oder Zuckerschoten – und schon kriegt das Gericht eine ganz andere Note.

Kokos-Schnitzel mit Paprikagemüse

Zutaten für 4 Personen:

- **200 g Basmati-Reis**
- **Salz, weißer Pfeffer**
- **2 Paprikaschoten (z. B. rot)**
- **150 g Sojasprossen**
- **1 Dose (236 ml) Ananas in Stücken**
- **1 Dose (400 ml) ungesüßte Kokosmilch**
- **1 EL rote Currypaste**
- **1 EL Zitronensaft**
- **3 TL heller Soßenbinder**
- **4 Putenschnitzel (à ca. 150 g)**
- **50 g getrocknete Ananas**
- **75–100 g Kokos-Chips (Reformhaus)**
- **1 gehäufter EL Mehl**
- **1 Ei, 3–4 EL Öl**
- **evtl. Schnittlauch und Bio-Limette zum Garnieren**

1 Reis in ca. 400 ml Salzwasser aufkochen. Zugedeckt bei schwacher Hitze ca. 20 Minuten ausquellen lassen. Paprika putzen, waschen, in Streifen schneiden. Sprossen abspülen und gut abtropfen lassen. Ananas abtropfen lassen, dabei Saft auffangen.

2 Kokosmilch und Ananassaft aufkochen und Currypaste einrühren. Mit Salz und Zitronensaft würzen. Die Soße mit Soßenbinder andicken und ca. 2 Minuten köcheln.

3 Fleisch waschen, trocken tupfen. Mit Salz und Pfeffer würzen. Getrocknete Ananas klein schneiden, mit Kokos-Chips und Mehl mischen. Ei in einem tiefen Teller verschlagen. Fleisch erst im Ei und dann in der Chips-Mischung wenden. Panade gut andrücken. 2–3 EL Öl in einer Pfanne

erhitzen und Schnitzel darin ca. 3 Minuten bei mittlerer Hitze von jeder Seite goldbraun braten.

4 1 EL Öl in einer zweiten Pfanne erhitzen und Paprika ca. 3 Minuten braten. Sprossen zufügen, 1 Minute garen und mit Salz und Pfeffer würzen. Putenschnitzel mit Reis, Paprikagemüse und Currysoße anrichten. Mit Schnittlauch und Limette garnieren. **Getränk:** kühler Roséwein.

Zubereitungszeit ca. 30 Min.
Portion ca. 810 kcal
E 27 g · F 42 g · KH 75 g

Feurige Chicken Wings

Zutaten für 3–4 Personen:

- **9–12 Hähnchenflügel (à ca. 50 g)**
- **Salz**
- **schwarzer Pfeffer**
- **1 Knoblauchzehe**
- **1 kleine rote Chilischote**
- **6–8 EL Tomaten-Ketchup**
- **2 EL flüssiger Honig**
- **2 mittelgroße Möhren**
- **2–3 Stiele glatte Petersilie**
- **1 Becher (400 g) Krautsalat**
- **2 EL (ca. 40 g) Schmand**

1 Den Backofen vorheizen (E-Herd: 200 °C/Umluft: 175 °C/Gas: Stufe 3). Flügel waschen und trocken tupfen. Mit Salz und Pfeffer würzen. Im heißen Ofen ca. 30 Minuten braten.

2 Knoblauch schälen und fein hacken. Chili waschen, längs einritzen und entkernen. Chili sehr fein hacken. Beides mit Ketchup und Honig verrühren. Abschmecken. Flügel nach ca. 15 Minuten damit bestreichen und weiterbraten.

3 Möhren schälen, waschen und grob raspeln. Petersilie waschen und, bis auf etwas zum Garnieren, hacken. Beides mit Krautsalat und Schmand verrühren. Abschmecken.

4 Chicken Wings und Krautsalat anrichten. Mit Rest Petersilie garnieren. Dazu passen Knoblauch-Baguette und Tomaten-Salsa. **Getränk**: kühles Mineralwasser oder Bier.

Zubereitungszeit ca. 30 Min.
Portion ca. 310 kcal
E 21 g · F 17 g · KH 15 g

Grill-Tipp

Die Hähnchenflügel sind auch toll für den Grill. Dazu vorher ca. ½ Stunde mit dem gewürzten Ketchup marinieren und die Marinade abtupfen, damit sie nicht in die Glut tropft.

Geflügel

Hähnchenschnitzel „Florentiner Art"

Zutaten für 4 Personen:

- 2 mittelgroße Zwiebeln
- 1 Knoblauchzehe
- 4 EL + etwas Öl
- 1 Packung (450 g) TK-Blattspinat
- 4 Hähnchenfilets (à ca. 125 g)
- Salz, Pfeffer, Muskat
- 2 gestrichene EL Mehl
- 500 g stückige Tomaten (Packung)
- 2 mittelgroße Tomaten
- 1 Bund Petersilie
- Zucker
- 100 g geriebener Gouda

1 Zwiebeln und Knoblauch schälen, fein würfeln. 1 EL Öl im Topf erhitzen. Hälfte Zwiebeln darin andünsten. Spinat und 100 ml Wasser zufügen, zugedeckt bei mittlerer Hitze auftauen lassen. Dabei ab und zu umrühren.

2 Filets abspülen, trocken tupfen und waagerecht ein-, aber nicht ganz durchschneiden. Aufklappen und in 2 EL heißem Öl pro Seite ca. 2 Minuten anbraten. Mit Salz und Pfeffer würzen und aus der Pfanne nehmen.

3 Den Backofen vorheizen (E-Herd: 200 °C/Umluft: 175 °C/Gas: Stufe 3). 1 EL Öl im Bratfett erhitzen. Knoblauch und Rest Zwiebeln darin glasig dünsten. Mehl darin anschwitzen. Stückige Tomaten einrühren. Aufkochen und ca. 5 Minuten köcheln.

4 Tomaten waschen und in Scheiben schneiden. Spinat abtropfen lassen. Petersilie waschen, hacken und unter die Tomatensoße rühren. Mit Salz, Pfeffer und 1 Prise Zucker abschmecken.

5 Spinat mit Salz, Pfeffer und Muskat würzen. In einer geölten Auflaufform verteilen. Schnitzel und Tomaten darauflegen. Mit Soße übergießen und mit Käse bestreuen. Im heißen Backofen ca. 10 Minuten überbacken. Dazu schmeckt Ciabatta.
Getränk: kühler Roséwein.

Zubereitungszeit ca. 30 Min.
Portion ca. 440 kcal
E 45 g · F 20 g · KH 16 g

Fruchtige Puten-Medaillons

Zutaten für 4 Personen:

- 200 g Langkornreis
- Salz
- 8 kleine Putenschnitzel (à 60-65 g)
- 400 g Aprikosen
- 400 g Lauchzwiebeln
- 2 EL Öl
- grober schwarzer Pfeffer
- 2 TL Gemüsebrühe
- 40 g Aprikosen-Konfitüre
- 1–2 EL heller Soßenbinder
- ¼ Bund Petersilie
- evtl. Minze zum Garnieren

1 Reis in gut 400 ml kochendes Salzwasser geben und zugedeckt bei schwacher Hitze ca. 20 Minuten ausquellen lassen. Inzwischen das Fleisch waschen und trocken tupfen.

2 Aprikosen waschen, halbieren und entsteinen. Lauchzwiebeln putzen, waschen und, evtl. bis auf etwas zum Garnieren, in Ringe schneiden. Öl in einer großen Pfanne erhitzen. Fleisch darin bei starker Hitze von jeder Seite 2–3 Minuten braten. Würzen, herausnehmen und warm stellen.

3 Lauchzwiebeln und Aprikosen im Bratfett unter Wenden ca. 2 Minuten dünsten. Aus der Pfanne nehmen. Bratensatz mit ½ l Wasser ablöschen, Brühe und Konfitüre einrühren, aufkochen. Soßenbinder einrühren, nochmals aufkochen und abschmecken.

4 Inzwischen Petersilie waschen, trocken tupfen und fein hacken. Lauchzwiebeln und Aprikosen in die Soße geben. Fleisch und Aprikosen-Gemüse mit Pfeffer bestreuen und garnieren. Reis mit Petersilie bestreuen und extra dazureichen. **Getränk:** kühle Saftschorle.

Zubereitungszeit ca. 30 Min.
Portion ca. 470 kcal
E 36 g · F 7 g · KH 63 g

Extra-Tipp
Frische Aprikosen gibt es von Mai bis September. Außerhalb der Saison können Sie genauso gut Früchte aus der Dose verwenden.

Geflügel

Putensteak mit Curry-Honig-Soße

Zutaten für 4 Personen:

- 1 Bund Lauchzwiebeln
- 200 g Basmati-Reis
- Salz
- 8 Putensteaks (à 80 g)
- Pfeffer
- 50 g Butter/Margarine
- 2 EL (30 g) Mehl
- 2 EL gelbe Currypaste (mild)
- 50 ml Cognac oder Weinbrand
- 1 TL Gemüsebrühe
- 250 ml Milch
- 1 EL Honig
- evtl. rosa Beeren (pfefferähnliches Gewürz) zum Garnieren

1 Lauchzwiebeln putzen, waschen und in Stücke schneiden. Reis in gut 400 ml kochendes Salzwasser geben. Zugedeckt bei schwacher Hitze ca. 20 Minuten ausquellen lassen. Inzwischen Fleisch waschen, trocken tupfen, mit Salz und Pfeffer würzen.

2 Hälfte Fett in einer großen Pfanne erhitzen. Fleisch darin von beiden Seiten goldbraun braten. Herausnehmen und warm stellen. Rest Fett ins Bratfett geben, Lauchzwiebeln darin glasig dünsten. Herausnehmen.

3 Bratfett mit Mehl bestäuben und anschwitzen. Currypaste zufügen und mit anschwitzen. Cognac, 250 ml Wasser, Brühe und Milch einrühren, aufkochen. Honig in die Soße rühren. Mit Salz abschmecken.

4 Lauchzwiebeln in die Soße geben. Reis, Putensteaks und Soße zusammen anrichten. Mit rosa Beeren bestreuen.
Getränk: kühles Bier.

Zubereitungszeit ca. 30 Min.
Portion ca. 570 kcal
E 47 g · F 14 g · KH 56 g

Gratinierte Käse-Schnitzelchen

Zutaten für 6 Personen:

- 6 Hähnchenfilets (à ca. 125 g)
- 2 EL Öl
- Salz
- weißer Pfeffer
- 125 g Mozzarella
- 2 kleine Tomaten
- 100 g Schafskäse
- 8 paprikagefüllte Oliven
- Pesto (Glas), schwarze Oliven und Oregano zum Garnieren

1 Den Backofen vorheizen (E-Herd: 200 °C/Umluft: 175 °C/Gas: Stufe 3). Hähnchenfilets waschen, trocken tupfen und halbieren. Etwas flacher klopfen. Öl in einer Pfanne erhitzen. Schnitzel darin von jeder Seite 1–2 Minuten braten, mit Salz und Pfeffer würzen und herausnehmen.

2 Mozzarella abtropfen lassen und in 6 Scheiben schneiden. Tomaten waschen, putzen und in 6 Scheiben schneiden. Schafskäse grob zerbröckeln. Oliven in Scheiben schneiden, mit dem Schafskäse mischen.

3 6 Schnitzel mit je 1 Scheibe Mozzarella und Tomate belegen. Schafskäse-Olivenmischung auf den übrigen Schnitzeln verteilen. Im vorgeheizten Backofen ca. 5 Minuten überbacken. Herausnehmen.

4 Auf die Mozzarella-Schnitzel etwas Pesto geben. Die Schafskäse-Schnitzel mit Oliven und Oregano garnieren. Dazu passt Ciabatta oder Fladenbrot.
Getränk: kühler Weißwein.

Zubereitungszeit ca. 30 Min.
Portion ca. 210 kcal
E 27 g · F 10 g · KH 1 g

Hauptsache

Wenn's aus der Küche nach Pfannküchlein, Milchreis oder Grießauflauf duftet, gibt es für kleine und große Naschkatzen kein Halten mehr. 1, 2, 3 ist alles weggefuttert

süß!

Quark-Püfferchen und rote Grütze

Zutaten für 2–3 Personen:

- 200 ml Milch
- 80 g Hartweizen-Grieß
- 2 Eier (Gr. M)
- Salz
- 200 g Magerquark
- 1 gestrichener EL Mehl
- 2 EL Zucker
- 1 Päckchen Vanillin-Zucker
- 2 EL Butterschmalz
- 150 g Vanille-Joghurt
- 250 g rote Grütze (Glas)
- Puderzucker zum Bestäuben

1 Milch aufkochen und Grieß einrühren. Ca. 5 Minuten quellen lassen. Eier trennen. Eiweiß und 1 Prise Salz steif schlagen.

2 Quark und Eigelb zum Grieß geben und mit den Schneebesen des Handrührgerätes unterrühren. Mehl, Zucker und Vanillin-Zucker mischen, kurz unter die Grießmasse rühren.

3 Eischnee unter den Grieß heben. 1 EL Butterschmalz in einer beschichteten Pfanne erhitzen. Aus der Hälfte Teig 4 kleine Pfannkuchen darin von jeder Seite ca. 3 Minuten backen. Warm stellen.

4 1 EL Butterschmalz in der Pfanne erhitzen. Aus dem übrigen Teig 4 weitere Küchlein backen. Mit Joghurt und roter Grütze anrichten und mit Puderzucker bestäuben. **Getränk:** kühler Fruchtsaft.

Zubereitungszeit ca. 25 Min.
Portion ca. 490 kcal
E 22 g · F 13 g · KH 69 g

süße Hauptgerichte

Semmelschmarren mit Mirabellen & Pflaumen

Zutaten für 4 Personen:

- 1 Glas (720 ml) Pflaumen
- 1 Glas (720 ml) Mirabellen
- 1 Päckchen Vanillin-Zucker
- 1 gehäufter EL Speisestärke
- 5 Semmeln vom Vortag
  (Brötchen; ca. 250 g)
- 350 ml Milch
- 2 EL Butterschmalz
- 2 Eier
- 250 g Schlagsahne
- Puderzucker zum Bestäuben

1 Früchte abtropfen lassen, den Saft auffangen. Mit Vanillin-Zucker aufkochen. Stärke und 2 EL Wasser glatt rühren. Saft damit andicken. Früchte unterheben. Im kalten Wasserbad abkühlen lassen.

2 Semmeln in ca. ½ cm dicke Scheiben schneiden. Milch lauwarm erwärmen und darübergießen. Kurz ziehen lassen (Semmeln sollen nicht zerfallen). Evtl. abtropfen lassen.

3 Je 1 EL Butterschmalz in 2 großen Pfannen erhitzen. Brötchen darin goldgelb anbraten. Eier und Sahne verquirlen, darübergießen. Unter Rühren kurz braten, bis die Eiermasse gestockt ist. Dabei die Semmeln etwas zerkleinern. Mit Puderzucker bestäuben. Früchte dazureichen.
Getränk: kühles Mineralwasser.

Zubereitungszeit ca. 30 Min.
Portion ca. 830 kcal
E 15 g · F 33 g · KH 112 g

Grießnocken mit Vanille-Soße

Zutaten für 4 Personen:

- ½ l + ¼ l Milch
- 4–5 EL Zucker
- 1 Päckchen Vanillin-Zucker
- Salz
- 100 g Weichweizen-Grieß
- 2 Eigelb
- 1 Dose (314 ml) Mandarinen
- 1 Päckchen Dessert-Soßenpulver „Vanille" (ohne Kochen; für ¼ l Milch)
- 2–3 EL Butter
- 1 TL Zimt

1 ½ l Milch, 3 EL Zucker, Vanillin-Zucker und 1 Prise Salz aufkochen. Grieß einstreuen und ca. 5 Minuten köcheln, dabei öfter umrühren. Eigelb darunterrühren. Topf in Eiswasser stellen und Grießmasse abkühlen lassen, dabei ab und zu umrühren.

2 Mandarinen abtropfen lassen. ¼ l Milch und Soßenpulver im hohen Rührbecher mit den Schneebesen des Handrührgerätes ca. 1 Minute kräftig schlagen. Mandarinen unterheben.

3 Aus der Grießmasse mit zwei angefeuchteten Esslöffeln 8–12 ovale Klöße formen. Butter in einer großen Pfanne erhitzen. Klöße darin rundum goldbraun braten.

4 1–2 EL Zucker und Zimt mischen. Klöße darin wenden und mit der Vanille-Soße anrichten.
Getränk: kühle Saftschorle.

Zubereitungszeit ca. 30 Min.
Portion ca. 370 kcal
E 10 g · F 14 g · KH 45 g

Extra-Tipp

Sie haben nur Hartweizen-Grieß im Haus? Kein Problem. Davon müssen Sie jedoch 125 g nehmen, damit sich die Masse problemlos formen lässt.

süße Hauptgerichte

Aprikosen-Erdbeer-Auflauf

Zutaten für 3–4 Personen:

- 1 Dose (425 ml) Aprikosen
- 500 g Erdbeeren
- 3 EL (100 g) Rhabarber-Vanille-Fruchtaufstrich oder Aprikosen-Konfitüre
- 1 l Milch
- Salz
- 100 g Weichweizen-Grieß
- 60 g Zucker
- 1 Packung geriebene Zitronenschale
- 2 frische Eier
- Fett für die Form
- 3 EL (50 g) Crème fraîche
- 1 EL Mandelblättchen
- Puderzucker zum Bestäuben

1 Den Backofen vorheizen (E-Herd: 225 °C/Umluft: 200 °C/Gas: Stufe 4). Aprikosen abtropfen lassen und halbieren. Erdbeeren waschen, putzen und vierteln. Gesamtes Obst mit dem Fruchtaufstrich mischen.

2 Milch und 1 Prise Salz aufkochen. Grieß, Zucker und Zitronenschale einrühren, aufkochen. Ca. 10 Minuten köcheln, dabei öfter umrühren. Den Topf vom Herd nehmen.

3 Eier trennen. Eigelb unter den heißen Grieß rühren. Eiweiß steif schlagen, locker darunterheben. Eine große Auflaufform fetten. Zuerst ⅔ Grieß, dann Früchte und zuletzt übrigen Grieß einfüllen.

4 Crème fraîche glatt rühren und auf dem Grieß verteilen. Mandeln darüberstreuen. Im Backofen ca. 10 Minuten überbacken. Mit Puderzucker bestäuben.
Getränk: kühles Mineralwasser.

Zubereitungszeit ca. 30 Min.
Portion ca. 600 kcal
E 17 g · F 19 g · KH 86 g

Vanille-Nudeln mit Aprikosen

Zutaten für 4 Personen:

- 1 Vanilleschote
- 1 l Milch
- 75 g + 1 EL Zucker
- 250 g schmale Bandnudeln
- 1 Dose (850 ml) Aprikosen
- 1 EL (10 g) Speisestärke
- abgeschälte Schale von
  ½ Bio-Zitrone
- evtl. 1–2 EL Marillenlikör
- 30 g Haselnuss- oder
  Mandelblättchen
- 2 EL (40 g) Butter
- evtl. Zitronenmelisse zum
  Verzieren

1 Vanilleschote längs aufschneiden und das Mark mit einem Messer herauskratzen. Milch, 75 g Zucker, Vanillemark und -schote in einem großen Topf aufkochen. Nudeln darin zugedeckt bei schwacher Hitze ca. 12 Minuten garen, dabei öfter umrühren. Etwas abkühlen lassen und Vanilleschote entfernen.

2 Die Aprikosen abtropfen lassen, Saft dabei auffangen. Früchte halbieren oder in Spalten schneiden. 5–6 EL Saft und Speisestärke verrühren. Rest Saft mit Zitronenschale und 1 EL Zucker aufkochen. Speisestärke einrühren, 1 Minute weiterköcheln. Zitronenschale enfernen und Soße mit Likör abschmecken. Aprikosen in die Soße geben.

3 Nüsse in einer Pfanne goldbraun rösten. Zum Schluss Butter in Flöckchen zufügen und aufschäumen. Vanille-Nudeln und Kompott auf tiefen Tellern anrichten. Nussbutter darüber verteilen. Mit Melisseblättchen verzieren.
Getränk: kühles Mineralwasser.

Zubereitungszeit ca. 25 Min.
Portion ca. 730 kcal
E 18 g · F 24 g · KH 110 g

süße Hauptgerichte

Milchreis mit Apfel-Zimt-Kompott

Zutaten für 4–6 Personen:

- **1 l Milch**
- **100 g + 2 EL Zucker**
- **Salz**
- **250 g Minuten-Milch-Reis**
- **1 kg Äpfel**
- **¼ l Apfelsaft**
- **4 EL Zitronensaft**
- **2 Päckchen Vanillin-Zucker**
- **1 kleine Zimtstange**
- **100–150 g Schlagsahne**
- **evtl. Apfelspalten und Minze zum Verzieren**

1 Milch, 100 g Zucker und 1 Prise Salz aufkochen. Reis einrühren und zugedeckt ca. 5 Minuten köcheln. Herdplatte ausschalten und den Reis zugedeckt ca. 10 Minuten ausquellen lassen.

2 Äpfel waschen, schälen, vierteln, entkernen und grob würfeln. 100 ml Wasser, Apfelsaft, Zitronensaft, Vanillin-Zucker, 2 EL Zucker, Zimt und Hälfte Äpfel aufkochen. 4–6 Minuten köcheln. Rest Äpfel zufügen, weitere ca. 2 Minuten köcheln. Kompott auskühlen lassen. Zimtstange entfernen.

3 Schlagsahne halbsteif schlagen und unter den Reis ziehen. Hälfte Äpfel in 4–6 Schälchen füllen. Reis und restliche Äpfel darauf verteilen und alles verzieren.
Getränk: kühle Apfelsaft-Schorle.

Zubereitungszeit ca. 30 Min.
Portion ca. 480 kcal
E 7 g · F 11 g · KH 85 g

Grießschaum mit Kirschen & Amarettini

Zutaten für 4 Personen:

- 1 Glas (720 ml) Kirschen
- 2–3 gehäufte EL Speisestärke
- evtl. Zimt
- 1 EL Zitronensaft
- ¾ l Milch
- 75 g Weichweizen-Grieß
- 2 EL Zucker
- 3 Eier, Salz
- ca. 20 Amarettini-Kekse
- 1–2 EL Butter
- evtl. Minze zum Verzieren

1 Kirschen abtropfen lassen und Saft dabei auffangen. 5 EL Saft und Stärke glatt rühren. Rest Saft aufkochen. Etwas Zimt und Zitronensaft zufügen. Angerührte Stärke einrühren, aufkochen und ca. 3 Minuten köcheln. Kirschen darunterheben. Abkühlen lassen.

2 Milch aufkochen. Grieß und Zucker einrühren, kurz aufkochen und zugedeckt ca. 5 Minuten quellen lassen.

3 Inzwischen Eier trennen. Eiweiß und 1 Prise Salz steif schlagen. Topf vom Herd nehmen. Eigelb nacheinander unter den Grieß rühren. Eischnee darunterheben. Nach Belieben abkühlen lassen.

4 Hälfte Amarettini zerbröseln. Butter zerlassen, Brösel darin schwenken. Grießschaum und Kirschen portionsweise anrichten. Die Amarettini-Butter darauf verteilen. Mit restlichen Amarettini und Minze verzieren.
Getränk: kühler Fruchtsaft.

Zubereitungszeit ca. 30 Min.
Portion ca. 550 kcal
E 16 g · F 15 g · KH 83 g

Für den Beeren-Hunger
Anstatt Kirschen können Sie auch Heidelbeeren aus dem Glas oder TK-Beeren als Topping verwenden.

Heiße Hits

Quiche Lorraine mit Blätterteig

Zutaten für ca. 12 Stücke:

- 1 Packung (300 g) TK-Blätterteig
- 200 g Gouda oder Comté (Stück)
- 7 Eier (Gr. M)
- 300 g Schlagsahne
- Pfeffer, Muskat, Salz
- Mehl für die Arbeitsfläche
- 150 g magere Schinkenwürfel

1 Blätterteigscheiben nebeneinanderlegen und ca. 10 Minuten auftauen lassen. Backofen vorheizen (E-Herd: 225 °C/Umluft: 200 °C/Gas: Stufe 4). Käse reiben. Eier und Sahne verquirlen. Mit Pfeffer, Muskat und wenig Salz würzen.

2 Blätterteigscheiben aufeinanderlegen und auf bemehlter Arbeitsfläche zu einem Rechteck (ca. 32 x 39 cm) ausrollen. Mithilfe der Teigrolle in eine kalt ausgespülte Fettpfanne legen. Teig am Rand andrücken und Boden mit einer Gabel mehrmals einstechen.

3 ²/₃ Schinkenwürfel und gesamten Käse auf dem Blätterteig verteilen. Eiersahne darübergießen. Übrige Schinkenwürfel darüberstreuen. Im heißen Backofen auf der untersten Schiene (Gas: s. Herdhersteller) 15–18 Minuten goldbraun backen.
Getränk: roter Landwein.

Zubereitungszeit ca. 30 Min.
Stück ca. 340 kcal
E 15 g · F 25 g · KH 10 g

Überraschungs-Gäste

Plötzlich stehen Freunde vor der Tür? Die Zutaten für die Quiche Lorraine kann man prima zu Hause haben. Noch fixer klappt's mit fertig geriebenem Käse aus dem Beutel.

für die Party

Ideal für die fröhliche Runde: Favoriten
aus dem Backofen, kleine Snacks
und super Salate – alles ratzfatz fertig.
Einfach Freunde einladen, und los geht's …

Rösti mit Avocado & Schinken

Zutaten für 9 Stück:

- 1 Packung (450 g) TK-Rösti-Ecken
- 1 Avocado
- 1–2 EL Zitronensaft
- ca. 100 g Schwarzwälder Schinken (hauchdünn geschnitten)
- 3 EL Crème fraîche
- grober schwarzer Pfeffer

1 Den Backofen vorheizen (E-Herd: 200 °C/Umluft: 175 °C/Gas: Stufe 3). Rösti-Ecken tiefgefroren auf ein Backblech legen. Im heißen Ofen ca. 20 Minuten backen. Nach 8 Minuten wenden.

2 Inzwischen für den Belag Avocado halbieren, den Kern herauslösen und die Avocado schälen. Fruchtfleisch in halbe Ringe schneiden und sofort mit Zitronensaft beträufeln.

3 Avocado auf die Rösti-Ecken verteilen. Mit je 1 Scheibe Schinken belegen und etwas Crème fraîche daraufgeben. Mit Pfeffer bestreuen. **Getränk:** kühler Roséwein.

Zubereitungszeit ca. 30 Min.
Stück ca. 210 kcal
E 3 g · F 15 g · KH 14 g

Pfiffig abgewandelt
Sie möchten die Rösti-Ecken anders belegen? Diese Kombis schmecken auch super: Bündner Fleisch, Remoulade und Cornichons; geräucherte Putenbrust und Preiselbeeren; Crème fraîche und Forellen- oder Lachskaviar oder Räucherlachs.

Eier-Cocktail mit Krabben

Zutaten für 4 Personen:

- 6 Eier
- 200 g Tiefsee-Krabbenfleisch (frisch, TK oder in Lake)
- 1 kleine Salatgurke
- 3–4 EL Schmand
- 2–3 EL Salat-Mayonnaise
- Salz
- weißer Pfeffer
- Zucker
- 1–2 TL Zitronensaft
- 150 g Schlagsahne
- 4–6 Stiele Dill
- einige Blätter Eisbergsalat
- 1 Glas (50 g) Forellenkaviar

1 Eier hart kochen. Abschrecken, schälen und abkühlen lassen.

2 Krabben in einem Sieb kalt abspülen und gut abtropfen lassen. Gurke putzen, waschen, evtl. schälen und in kleine Würfel schneiden.

3 Schmand und Mayonnaise verrühren. Mit Salz, Pfeffer, etwas Zucker und Zitrone abschmecken. Sahne halbsteif schlagen und unterheben.

4 Dill waschen und hacken. Eier würfeln. Beides mit Gurke, Shrimps und Soße mischen. Salatblätter putzen, waschen und trocken tupfen. Eier-Cocktail darauf anrichten und mit Kaviar garnieren.
Getränk: kühler Weißwein.

Zubereitungszeit ca. 30 Min.
Portion ca. 440 kcal
E 24 g · F 35 g · KH 5 g

für die Party

Gefüllte Camembert-Torte

Zutaten für 4–6 Personen:

- 1 Bund Schnittlauch
- ½ Bund Petersilie (z. B. glatte)
- 125 g Joghurt-Frischkäse
- Salz
- weißer Pfeffer
- 1 Camembert (250 g)
- 40 g gekochter Schinken
  in hauchdünnen Scheiben
- einige Salatblätter (z. B. Frisée)
- 125 g Kirsch- oder kleine Tomaten
- 2 EL Weinessig
- 2 EL Öl

1 Kräuter waschen und trocken tupfen. Schnittlauch fein schneiden. Petersilie abzupfen und Hälfte hacken. Frischkäse, Schnittlauch und gehackte Petersilie verrühren. Mit Salz und Pfeffer abschmecken.

2 Camembert 2 x waagerecht durchschneiden. Untere Scheibe mit dem Frischkäse bestreichen. Petersilienblättchen, bis auf einige zum Garnieren, darauflegen. Die mittlere Camembertscheibe, Schinken und obere Camembertscheibe darauflegen. Kalt stellen.

3 Salat waschen, kleiner zupfen. Tomaten waschen und in Scheiben schneiden. Essig, Salz und Pfeffer verrühren. Öl darunterschlagen. Mit Salat und Tomaten, bis auf einige Scheiben zum Garnieren, mischen.

4 Camembert-Torte in 4–6 Stücke schneiden. Mit Salat anrichten. Mit restlichen Tomatenscheiben und Petersilie garnieren. Dazu schmeckt frisches Zwiebel-Baguette. **Getränk:** kühler Weißwein.

Zubereitungszeit ca. 30 Min.
Portion ca. 220 kcal
E 4 g · F 17 g · KH 12 g

Bunt belegte Kartoffelpuffer

Zutaten für 9 Stück:

- 2 EL Öl
- 9 TK-Kartoffelpuffer
- 3 Scheiben (à ca. 30 g) Räucherlachs
- 6 Scheiben (à ca. 35 g) Gouda
- 2 Pfirsichhälften (Dose)
- 1 Camembert (125 g)
- 2 Ananasringe (Dose)
- 3 Scheiben (à ca. 30 g) gekochter Schinken
- 3 TL Crème fraîche
- Dill, Röstzwiebeln und Preiselbeeren zum Garnieren

1 Den Backofen vorheizen (E-Herd: 200 °C/Umluft: 175 °C/Gas: Stufe 3). Öl in einer Pfanne erhitzen und Kartoffelpuffer darin bei mittlerer Hitze unter Wenden ca. 5 Minuten braten. Herausnehmen, auf Küchenpapier abtropfen lassen.

2 3 Puffer mit je 1 Scheibe Lachs und Gouda belegen. Jede Pfirsichhälfte in 3 Spalten und Camembert in 6 Stücke schneiden. 3 Puffer mit je 2 Pfirsichspalten und 2 Scheiben Camembert belegen. Ananasringe dritteln. Die restlichen Puffer mit je 1 Scheibe Schinken, 2 Ananasdritteln und dem restlichen Käse belegen.

3 Puffer auf ein Backblech setzen und im vorgeheizten Backofen ca. 10 Minuten überbacken, bis der Käse leicht schmilzt.

4 Auf jeden Lachspuffer 1 TL Crème fraîche und 1 Dillfähnchen geben. Pfirsichpuffer mit Röstzwiebeln und Ananaspuffer mit Preiselbeeren garnieren.
Getränk: kühles Bier oder Cidre.

Zubereitungszeit ca. 30 Min.
Stück ca. 330 kcal
E 17 g · F 21 g · KH 15 g

Weniger Abwasch
Wenn Sie Backpapier unter die Kartoffelpuffer legen, ist das Backblech ruck, zuck wieder sauber.

Fladenbrot-Pizza auf griechische Art

Zutaten für 6 Personen:

- 250 g stückige Tomaten (Packung)
- Salz
- schwarzer Pfeffer
- 1 TL getrockneter Thymian
- 400 g Cabanossi
- 400 g Kirschtomaten
- 4 Zwiebeln
- 1 Fladenbrot (ca. 500 g)
- 200 g Schafskäse
- 3–4 Stiele Basilikum
- 50 g schwarze Oliven
- Backpapier

1 Den Backofen vorheizen (E-Herd: 225 °C/Umluft: 200 °C/Gas: Stufe 4). Stückige Tomaten mit Salz, Pfeffer und Thymian kräftig würzen. Cabanossi in Scheiben schneiden. Tomaten waschen und evtl. halbieren. Zwiebeln schälen und in feine Ringe schneiden oder hobeln.

2 Das Fladenbrot waagerecht aufschneiden. Hälften dünn mit Tomatensoße bestreichen. Mit Cabanossi, Tomaten und Zwiebelringen belegen. Schafskäse zerbröckeln und gleichmäßig darüberstreuen.

3 Fladenbrote auf 2 mit Backpapier ausgelegte Backbleche legen. Fladenbrot-Pizzas nacheinander im heißen Backofen jeweils ca. 10 Minuten goldbraun backen.

4 Inzwischen Basilikum waschen und Blättchen von den Stielen zupfen. Fladenbrote aus dem Ofen nehmen. Mit Oliven und Basilikum belegen und sofort servieren.
Getränk: trockener Rotwein.

**Zubereitungszeit ca. 30 Min.
Portion ca. 570 kcal
E 27 g · F 33 g · KH 38**

Putenschnitzel mit Ananas

Zutaten für 4 Personen:

- 4 Putenschnitzel (à ca. 150 g)
- Salz, Cayennepfeffer
- 2 Eier
- 2 EL Mehl
- 6 EL Paniermehl
- 4 EL Öl
- 1 Dose (446 ml) Ananasscheiben
- Fett für die Form
- 1 Flasche (180 ml) Chilisoße
- 100 g Schlagsahne
- 100 g Edamer (Stück)

1 Den Backofen vorheizen (E-Herd: 200 °C/Umluft: 175 °C/Gas: Stufe 3). Fleisch waschen und trocken tupfen. Mit Salz und Cayennepfeffer würzen.

2 Eier verquirlen. Schnitzel nacheinander im Mehl, Ei und Paniermehl wenden. Etwas abklopfen. Im heißen Öl von jeder Seite ca. 3 Minuten goldbraun braten. Herausnehmen, auf Küchenpapier abtropfen lassen.

3 Ananas abtropfen lassen. Mit dem Fleisch in eine gefettete Auflaufform schichten. Chilisoße und Sahne verrühren und darüber verteilen. Käse grob reiben, darüberstreuen.

4 Die Schnitzel im heißen Backofen ca. 15 Minuten goldbraun überbacken. Dazu: Baguette oder Toast. **Getränk**: kühler Roséwein.

Zubereitungszeit ca. 30 Min.
Portion ca. 690 kcal
E 52 g · F 34 g · KH 39 g

Porree-Käse-Suppe mit Schinken

Zutaten für 4 Personen:

- 800 g Porree (Lauch)
- 1 EL Butter/Margarine
- 2 TL Gemüsebrühe
- Salz
- weißer Pfeffer
- 400 g gekochter Schinken
- 1 TL Öl
- 1 Bund Schnittlauch
- 200 g Schlagsahne
- 200 g Schmelzkäse
- 100 g geriebener Gouda
- geriebene Muskatnuss

1 Porree putzen, waschen und in feine Ringe schneiden. Fett in einem großen Topf schmelzen. Porree darin andünsten. 800 ml Wasser und Brühe einrühren, aufkochen. Mit Salz und Pfeffer würzen. Alles zugedeckt ca. 10 Minuten köcheln.

2 Inzwischen Schinken fein würfeln. Öl in einer Pfanne erhitzen und Schinken darin goldbraun braten.

Schnittlauch waschen, trocken tupfen und in feine Röllchen schneiden.

3 Sahne, Schmelzkäse und Gouda in die Suppe rühren. Kurz aufkochen und mit Salz, Pfeffer und Muskat abschmecken. Mit Schinken und Schnittlauch bestreuen. Dazu: Baguette.

Zubereitungszeit ca. 30 Min.
Portion ca. 600 kcal
E 42 g · F 42 g · KH 10 g

Schnell variiert
Statt Schinken können Sie auch Mett in der Pfanne krümelig braten und in die Suppe geben.

Bohnensalat mit Chorizo

Zutaten für 6–8 Personen:

- 4 Dosen (425 ml) große weiße Bohnenkerne
- 3 Paprikaschoten (z. B. rot)
- 1 Bund Lauchzwiebeln
- 2 Knoblauchzehen
- 250 g Chorizo (span. Paprikawurst)
- 4 EL Öl
- ½ TL Cayennepfeffer
- je 1 TL getrockneter Thymian und Oregano
- 1 TL Gemüsebrühe
- 5–6 EL Weißwein-Essig
- 7–8 EL Tomaten-Ketchup
- Salz
- schwarzer Pfeffer
- Zucker
- 1 Bund Petersilie
- 200 g Schafskäse

1 Bohnen in einem Sieb abspülen und abtropfen lassen. Paprika putzen, waschen und in Streifen schneiden. Lauchzwiebeln putzen, waschen und in Ringe schneiden. Bohnen, Lauchzwiebeln und Paprika mischen.

2 Knoblauch schälen und fein würfeln. Wurst in Scheiben schneiden und in einer Pfanne im heißen Öl anbraten. Knoblauch kurz mitbraten. Mit Cayennepfeffer würzen. ¼ l Wasser, Kräuter und Brühe einrühren, aufkochen. Pfanne vom Herd nehmen. Essig und Tomaten-Ketchup unterrühren, mit Salz, Pfeffer und 1 Prise Zucker würzen. Etwas abkühlen lassen.

3 Petersilie waschen und grob hacken. Marinade, Petersilie und Gemüsemischung mischen. Nochmals abschmecken und Schafskäse darüberbröckeln. Dazu passen Taco-Chips. **Getränk:** trockener Rotwein.

Zubereitungszeit ca. 30 Min.
Portion ca. 380 kcal
E 19 g · F 21 g · KH 27 g

für die Party

Herzhafte Avocado-Brote

Zutaten für 4 Personen:

- 2 Tomaten
- 2 Zwiebeln
- 1 Knoblauchzehe
- 1 Bio-Zitrone
- 2 mittelgroße Avocados
- 150 g Magermilch-Joghurt
- 1–2 TL eingelegter grüner Pfeffer
- Salz
- geschroteter Chili
- 8 Scheiben Brot
  (z. B. Sonnenblumenkernbrot)
- evtl. Bio-Zitrone und Melisse
  zum Garnieren

1 Tomaten kreuzweise einschneiden, überbrühen, häuten und vierteln. Kerne entfernen und das Fruchtfleisch würfeln. Zwiebeln und Knoblauch schälen und fein hacken. Zitrone heiß waschen und trocken reiben. Schale abreiben und den Saft auspressen.

2 Avocados der Länge nach halbieren, den Stein entfernen und das Fruchtfleisch mit einem Löffel herauslösen. Avocados und Zitronensaft pürieren. Joghurt unterrühren. Zwiebeln, Knoblauch, Zitronenschale und grünen Pfeffer zugeben. Mit Salz und Chili kräftig würzen.

3 Brotscheiben mit der Avocadocreme bestreichen. Mit Zitronenspalten und Melisse garnieren. Dazu schmeckt Schinken.
Getränk: kühles Bier.

Zubereitungszeit ca. 30 Min.
Portion ca. 640 kcal
E 16 g · F 42 g · KH 45 g

Chili mit Tortilla-Chips

Zutaten für 4 Personen:

- 1 Zwiebel
- 1 Knoblauchzehe
- 1 EL Öl
- 600–750 g gemischtes Hack
- Salz
- Cayennepfeffer
- Edelsüß-Paprika
- 3 EL Tomatenmark
- 4 EL Tomaten-Ketchup
- 1 Dose (425 ml) „Mexico Mix" (mit Mais, Erbsen, Paprika)
- 50 g Tortilla-Chips
- 100 g Gouda (Stück)

1 Zwiebel und Knoblauch schälen und fein würfeln. Öl in einer großen Pfanne erhitzen, Zwiebel darin andünsten. Hack und Knoblauch dazugeben, 5–7 Minuten anbraten.

2 Den Backofen vorheizen (E-Herd: 200 °C/Umluft: 175 °C/Gas: Stufe 3). Hack mit Salz, Cayennepfeffer und Paprika würzen. Dann Tomatenmark und Ketchup dazugeben und mit 150 ml Wasser aufgießen. Nochmals ca. 5 Minuten köcheln. Gemüse abtropfen lassen und zum Hack geben. Ca. 3 Minuten weiterköcheln.

3 Alles in eine ofenfeste Form oder Auflaufform geben. Tortilla-Chips in das Hack stecken und Käse darüberraspeln. Form auf die untere Schiene im heißen Backofen stellen und 8–10 Minuten gratinieren.
Getränk: kühles Bier.

Zubereitungszeit ca. 30 Min.
Portion ca. 680 kcal
E 43 g · F 44 g · KH 22 g

Oder mal als Füllung

Die feurige Hackfleisch-mischung eignet sich auch gut als Füllung für fertig gekaufte Weizentortillas. Die weichen Fladen einfach kurz in der Mikrowelle oder im Backofen aufwärmen.

Fleischlos glück

Kartoffeln und Gemüse, mit frischen Kräutern
gewürzt und mit Ei oder Käse getoppt –
das liefert jede Menge gesunde Powerstoffe. Und ist so
lecker, dass keiner ein Stück Fleisch vermisst!

lich

Kartoffeln mit Oliven-Käsecreme

Zutaten für 4 Personen:
- 1,2 kg mittelgroße Kartoffeln
- 120 g schwarze Oliven (ohne Stein)
- 5–7 Stiele Thymian
- 50 g weiche Butter
- 150–200 g Schlagsahne
- 1–2 Knoblauchzehen
- 300 g cremiger Schafskäse
- Pfeffer, Cayennepfeffer, Salz

1 Kartoffeln waschen, ca. 20 Minuten kochen. Oliven abtropfen lassen und, bis auf einige, grob hacken. Thymian waschen und, bis auf etwas, von den Stielen zupfen.

2 Butter cremig rühren. Thymian und Sahne zugeben. Knoblauch schälen und dazupressen. Schafskäse darüberbröckeln und alles kurz mit einem Pürierstab zerkleinern. Mit Pfeffer, Cayennepfeffer und evtl. Salz abschmecken. Gehackte Oliven unterrühren.

3 Kartoffeln abgießen, kurz abschrecken und schälen. Mit der Käsecreme anrichten. Rest Oliven und Thymian darüberstreuen. **Getränk:** kühler Weißwein.

Zubereitungszeit ca. 30 Min.
Portion ca. 640 kcal
E 20 g · F 38 g · KH 49 g

Extra-Tipp

Rühren Sie von der Käsecreme ruhig gleich mehr an. Sie schmeckt nicht nur köstlich als Dip zu Kartoffeln, sondern auch zu Gemüsesticks, Gegrilltem, Kartoffelpuffern, in Wraps und als Brotaufstrich.

Eier in Currysoße

Zutaten für 4 Personen:

- **Salz, weißer Pfeffer**
- **2 Zwiebeln**
- **2 Möhren**
- **3 Lauchzwiebeln**
- **200 g Langkornreis**
- **8 Eier**
- **2 EL Butter/Margarine**
- **1–2 EL Curry**
- **2 EL Mehl**
- **100 g Schlagsahne**
- **1–2 TL Gemüsebrühe**
- **150 g TK-Erbsen**

1 ½ l Wasser und ½ TL Salz aufkochen. Zwiebeln schälen, würfeln. Möhren schälen, Lauchzwiebeln putzen und beides waschen. Möhren längs halbieren und in Scheiben, Lauchzwiebeln in Ringe schneiden.

2 Reis im kochenden Salzwasser zugedeckt bei schwacher Hitze ca. 20 Minuten garen. Eier ca. 8 Minuten wachsweich kochen.

3 Zwiebeln im heißen Fett andünsten. Möhren und ⅔ Lauchzwiebeln ca. 2 Minuten mitdünsten. Curry und Mehl über das Gemüse stäuben und unter Rühren anschwitzen. ½ l Wasser, Sahne und Brühe einrühren, aufkochen. Erbsen 3–4 Minuten mitköcheln und alles abschmecken.

4 Eier abschrecken, schälen und halbieren. In die Soße geben. Alles anrichten und mit den übrigen Lauchzwiebeln bestreuen.
Getränk: kühle Weißwein- oder Saftschorle.

Zubereitungszeit ca. 25 Min.
Portion ca. 550 kcal
E 24 g · F 26 g · KH 51 g

Apfel-Chicorée-Gratin

Zutaten für 4 Personen:

- 100 g Emmentaler (Stück)
- 1 kg Chicorée (möglichst kleine)
- 6 EL Zitronensaft
- Fett für die Form
- 2 kleine rote säuerliche Äpfel
- Salz, Zucker
- 250 g Schlagsahne
- 50 g Butter
- je 2 Stiele Petersilie und Majoran

1 Den Backofen vorheizen (E-Herd: 200 °C/Umluft: 175 °C/Gas: Stufe 3). Käse reiben. Chicorée waschen und äußere Blätter abtrennen, Kolben längs halbieren. Den Strunk keilförmig herausschneiden. Chicorée mit der Hälfte Zitronensaft beträufeln. In eine gefettete flache Auflaufform legen.

2 Äpfel waschen, vierteln und Kerngehäuse entfernen. Apfelviertel in dünne Scheiben schneiden. Mit Rest Zitronensaft beträufeln und auf dem Chicorée verteilen. Alles mit Salz und 1 Prise Zucker würzen. Sahne angießen.

3 Käse darüber verteilen, Butter als Flöckchen daraufsetzen. Auflauf im vorgeheizten Backofen 15–20 Minuten garen. Petersilie und Majoran waschen und hacken. Beides vor dem Servieren über den Chicorée streuen. **Getränk:** kühler Cidre.

Zubereitungszeit ca. 30 Min.
Portion ca. 460 kcal
E 12 g · F 38 g · KH 14 g

Thailändisches Kokos-Curry

Zutaten für 4 Personen:

- 200 g Langkornreis
- Salz
- ½ Kopf (ca. 300 g) Blumenkohl
- 250 g Möhren
- 1 Zwiebel
- 2 Knoblauchzehen
- 1 EL Öl
- 1 Dose (400 ml) ungesüßte Kokosmilch
- 1 TL Gemüsebrühe
- 150 g TK-Prinzessbohnen
- Cayennepfeffer
- 2 EL gesalzene Erdnusskerne

1 400 ml Wasser aufkochen, Reis und Salz zufügen. Bei schwacher Hitze ca. 15 Minuten ausquellen lassen. Blumenkohl putzen, in kleine Röschen teilen und waschen. Möhren schälen, waschen und in Stücke schneiden. Zwiebel und Knoblauch schälen und fein würfeln.

2 Öl in einer Pfanne erhitzen, Zwiebel und Knoblauch darin andünsten. Kokosmilch, ¼ l Wasser und Brühe einrühren, aufkochen. Blumenkohl und Möhren zufügen und zugedeckt ca. 8 Minuten köcheln. Nach ca. 3 Minuten TK-Bohnen zugeben.

3 Reis unter das Gemüse-Curry rühren. Mit Cayennepfeffer und evtl. Salz abschmecken. Erdnüsse grob hacken und darüberstreuen.
Getränk: kühles Mineralwasser.

Zubereitungszeit ca. 20 Min.
Portion ca. 310 kcal
E 9 g · F 8 g · KH 49 g

Was ist Kokosmilch?

Kokosmilch wird aus zermahlenem Kokosfleisch gepresst. Es gibt gesüßte und ungesüßte Kokosmilch. Letztere ist für pikante Speisen die richtige Wahl. Wer keine bekommt, nimmt stattdessen 200 ml Milch und 200 ml Schlagsahne und würzt das Gericht zusätzlich mit Curry.

Tagliatelle in Pesto-Sahne

Zutaten für 4 Personen:

- Salz
- 40 g Pinienkerne
- 2 Töpfchen oder
  1 großes Bund Basilikum
- 1–2 Knoblauchzehen
- 50 g Parmesan (Stück)
- 2–3 EL Olivenöl
- 400 g Bandnudeln (z. B. Tagliatelle)
- 250–300 g Schlagsahne
- weißer Pfeffer

1 Für die Nudeln reichlich Salzwasser aufkochen. Pinienkerne ohne Fett rösten. Basilikum waschen, trocken schütteln und Blättchen abzupfen. Knoblauch schälen. Käse grob reiben. Basilikum, bis auf etwas zum Garnieren, Hälfte Pinienkerne, Knoblauch und Käse fein hacken (z. B. im Universal-Zerkleinerer). Öl nach und nach unterrühren.

2 Nudeln in dem Wasser 8–10 Minuten bissfest garen. Sahne unter Rühren aufkochen. Pesto einrühren und dicklich einkochen. Mit Salz und Pfeffer abschmecken.

3 Nudeln abgießen und mit der Pesto-Sahne mischen. Mit übrigen Pinienkernen bestreuen und mit Rest Basilikum garnieren.
Getränk: kühler Weißwein.

Zubereitungszeit ca. 30 Min.
Portion ca. 700 kcal
E 19 g · F 34 g · KH 75 g

ohne Fleisch

Knusprige Kartoffel-Möhren-Nocken

Zutaten für 4 Personen:

- 400 g Möhren
- 750 g mehlig kochende Kartoffeln
- 1 Ei
- 3 EL Doppelrahm-Frischkäse
- 2–3 TL Sesam
- 2 leicht gehäufte EL (30 g) Mehl
- ½–1 TL Salz
- weißer Pfeffer
- 2–3 EL Öl
- 1–2 Knoblauchzehen
- 150 g fettarmer Joghurt
- 3 EL leichte Salatcreme
- etwas Zitronensaft
- evtl. Petersilie zum Garnieren

1 Möhren und Kartoffeln schälen, waschen und grob raspeln. Mit Ei, Frischkäse, Sesam, Mehl, Salz und Pfeffer mischen. Aus dem Teig mithilfe von 2 angefeuchteten Esslöffeln 8 Nocken formen.

2 Öl in einer beschichteten Pfanne erhitzen. Nocken darin bei schwacher Hitze rundherum 15–20 Minuten goldbraun braten.

3 Für den Dip Knoblauch schälen und hacken. Mit Joghurt und Salatcreme verrühren. Mit Zitronensaft, Salz und Pfeffer abschmecken. Knoblauch-Dip zu den Kartoffel-Möhren-Nocken reichen. Mit Petersilie garnieren. Dazu schmeckt grüner Salat.
Getränk: kühler Orangensaft.

Zubereitungszeit ca. 30 Min.
Portion ca. 280 kcal
E 9 g · F 11 g · KH 35 g

Extra-Tipp
Wer keine Nocken formen möchte, kann aus der Masse auch flache Puffer backen.

Rote Linsen mit Chinakohl

Zutaten für 2–3 Personen:

- ½ **Chinakohl (ca. 350 g)**
- 1 **Zwiebel**
- 1 **EL Öl (z. B. Chili-Öl)**
- **Salz**
- **Pfeffer**
- 250 g **rote Linsen**
- 1 **EL Curry**
- 2 **TL Gemüsebrühe**
- 1 **Dose (446 ml) Ananas**
- 3–4 **Stiele Koriander**
- evtl. **Chilipulver**

1 Chinakohl putzen, waschen und in ca. 2 cm breite Streifen schneiden. Zwiebel schälen und fein würfeln. Öl in einer Pfanne erhitzen und den Kohl darin anbraten. Mit Salz und Pfeffer würzen. Herausnehmen und beiseite stellen.

2 Zwiebel im Bratfett anschwitzen, Linsen zufügen und mit Curry bestäuben. ½ l Wasser und Brühe ein-

rühren, alles aufkochen und zugedeckt 10–15 Minuten köcheln.

3 Inzwischen Ananas abtropfen lassen und in Stücke schneiden. Koriander waschen, trocken schütteln und die Blättchen abzupfen. Kohl und Ananas ca. 5 Minuten vor Ende der Garzeit zu den Linsen geben. Mit Salz und Chili abschmecken, mit Koriander bestreuen und anrichten.
Getränk: kühles Mineralwasser.

Zubereitungszeit ca. 30 Min.
Portion ca. 400 kcal
E 22 g · F 6 g · KH 63 g

Ratatouille mit Feta-Kruste

Zutaten für 4 Personen:

- 2 Zucchini, 1 Aubergine
- 1 Gemüsezwiebel
- 2 Knoblauchzehen
- 3–4 EL Olivenöl, Salz, Pfeffer
- 2 EL Tomatenmark
- 1 Dose (850 ml) Tomaten
- 1 TL getrocknete Kräuter der Provence
- 2 TL Gemüsebrühe
- 2–3 EL schwarze Oliven
- 150 g Feta oder Schafskäse
- evtl. Thymian und Rosmarin zum Garnieren

1 Backofengrill vorheizen. Gemüse putzen, waschen und in Stücke schneiden. Zwiebel und Knoblauch schälen und grob würfeln.

2 Öl in einer großen Pfanne erhitzen. Gemüse darin kräftig anbraten. Zwiebel und Knoblauch kurz mitbraten, würzen. Tomatenmark mit anschwitzen. Tomaten samt Saft zugeben und zerkleinern. Aufkochen, Kräuter und Brühe zufügen, zugedeckt 8–10 Minuten köcheln. Oliven zugeben. Abschmecken.

3 Gemüse in einer Auflaufform verteilen. Käse darüberraspeln, unter dem heißen Backofengrill 4–5 Minuten gratinieren. Dazu passt Baguette. **Getränk:** leichter Rotwein.

Zubereitungszeit ca. 30 Min.
Portion ca. 300 kcal
12 g E · 20 g F · 15 g KH

So geht's auch

Wenn Sie eine ofenfeste Pfanne haben, können Sie die Ratatouille auch gleich darin unter den heißen Grill schieben.

Gemüsetaler mit Joghurt-Dip

Zutaten für 3 Personen:

- 1 Aubergine (ca. 300 g)
- 2 große Fleischtomaten
- 2 mittelgroße Zucchini
- 3 Eier
- Salz
- weißer Pfeffer
- 100 g Mehl
- 100 g geriebener Hartkäse
  (z. B. Parmesan)
- 7–8 EL Olivenöl
- 300 g Vollmilch-Joghurt
- ½ Bund/Töpfchen Basilikum

Zubereitungszeit ca. 30 Min.
Portion ca. 550 kcal
E 30 g · F 30 g · KH 35 g

1 Aubergine, Tomaten und Zucchini putzen und waschen. Zucchini und Aubergine in ca. ½ cm dicke und die Tomaten in ca. 1 cm dicke Scheiben schneiden.

2 Eier verquirlen, mit Salz und Pfeffer würzen. Mehl und Käse mischen. Das Gemüse zuerst im Ei und dann in der Mehl-Käse-Mischung wenden und etwas abklopfen.

3 6–7 EL Öl portionsweise in einer großen Pfanne erhitzen. Das Gemüse darin von beiden Seiten 3–5 Minuten braten. Abtropfen lassen und evtl. warm stellen.

4 Joghurt mit 1 EL Öl, Salz und Pfeffer verrühren. Basilikum waschen, fein schneiden und über das Gemüse streuen. Mit dem Dip anrichten. **Getränk:** kühler Roséwein.

Seeräuber-Fisch-Döner

Zutaten für 6 Stück:

- ½ Bund Schnittlauch
- 150 g Vollmilch-Joghurt
- 2 EL (30 g) leichte Salatcreme
- Salz, Pfeffer
- ½ Salatgurke
- 2 Tomaten
- 1 Packung (6 Stück; 400 g) Brottaschen (Weizen-Pita)
- 2 EL Butter/Margarine
- 1 Packung (15 Stück; 450 g) TK-Fischstäbchen
- evtl. Petersilie zum Garnieren
- Küchenpapier

1 Schnittlauch waschen und in feine Röllchen schneiden. Joghurt und Salatcreme verrühren. Mit Salz und Pfeffer würzen, Schnittlauch darunterrühren. Gurke und Tomaten waschen, beides in Scheiben schneiden.

2 Brottaschen mit der durchgehenden Linie nach oben im Toaster so lange rösten, bis sie leicht aufgegangen sind. Etwas abkühlen lassen. Von jeder Brottasche entlang der vorgeschnittenen Linie ein Stück abbrechen (anderweitig verwenden).

3 Fett in einer großen Pfanne erhitzen. Fischstäbchen bei mittlerer Hitze 5–8 Minuten darin goldbraun braten, dabei öfter wenden. Herausnehmen und auf Küchenpapier leicht abkühlen lassen.

4 Brottaschen etwas öffnen, mit Tomaten- und Gurkenscheiben sowie je 2–3 Fischstäbchen füllen. Jeweils etwas Joghurt-Soße in die Döner füllen, mit Petersilienblättchen garnieren.
Getränk: kühles Mineralwasser.

Zubereitungszeit ca. 30 Min.
Stück ca. 320 kcal
E 15 g · F 11 g · KH 38 g

Das

finden Kids cool

Von Apfel-Pfannkuchen über Cheeseburger
und Hot Dogs bis Nudelsuppe –
auf unserer Kinder-Speisekarte gibt es alles,
was kleine Genießer glücklich macht

für Kinder

Currywurst-Spieße mit Pommes

Zutaten für 4 Personen:

- 2 Paprikaschoten (z. B. grün)
- 2 Zwiebeln
- 400 g Pommes frites (TK; für den Backofen)
- 4 grobe Bratwürste (à ca. 100 g)
- 4 EL Öl
- 8 Tomaten
- 1 Bund Petersilie
- 4 EL Essig
- Salz, Pfeffer
- 8 EL Tomaten-Ketchup
- Curry
- evtl. Salatblätter
- 8 Holzspieße

1 Backofen vorheizen (E-Herd: 225 °C/Umluft: 200 °C/Gas: Stufe 4). Paprika waschen und in grobe Würfel schneiden. Zwiebeln schälen. 1 für die Vinaigrette beiseite legen, restliche Zwiebel in Spalten schneiden.

2 Pommes frites auf ein Backblech geben und in den Backofen schieben. Temperatur auf 200 °C (Umluft: 175 °C/Gas: Stufe 3) reduzieren und 18–20 Minuten backen.

3 Bratwürste in jeweils 6 Stücke schneiden, mit Paprika und Zwiebelspalten abwechselnd auf Spieße stecken. In 2 Pfannen je 1 EL Öl erhitzen. Spieße darin bei mittlerer Hitze ca. 10 Minuten braten, dabei öfter wenden.

4 Inzwischen Tomaten waschen und in Achtel schneiden. Restliche Zwiebel fein würfeln. Petersilie waschen und in feine Streifen schneiden. Essig mit Salz und Pfeffer verrühren und 2 EL Öl darunterschlagen. Den Ketchup mit Curry abschmecken. Tomaten und Vinaigrette mischen.

5 Pommes frites salzen und mit den Spießen auf Tellern anrichten. Tomatensalat auf Salatblättern anrichten und mit Petersilie bestreuen. Ketchup dazureichen.
Getränk: kühle Apfelsaft-Schorle.

Zubereitungszeit ca. 30 Min.
Portion ca. 630 kcal
E 23 g · F 40 g · KH 41 g

American Cheeseburger

Zutaten für 4 Stück:

- 4 große Blätter Kopfsalat
- 2 Tomaten
- 2 Zwiebeln
- 50 g dänischer Gurkensalat (Glas)
- 400 g Rinderhack
- 1 Ei
- Salz, Pfeffer
- 2 EL Öl
- 4 Hamburger-Brötchen
- 2–3 EL Tomaten-Ketchup
- 2–3 EL Salat-Mayonnaise
- 4 Schmelzkäse-Scheiben

1 Salat und Tomaten waschen und abtropfen lassen bzw. trocken tupfen. Tomaten in Scheiben schneiden. Zwiebeln schälen, 1 fein würfeln und 1 in dünne Ringe schneiden.

2 Gurkenscheiben abtropfen lassen. Hackfleisch, Zwiebelwürfel und Ei verkneten, mit Salz und Pfeffer würzen. 4 flache Hacksteaks daraus formen. Öl in einer Pfanne erhitzen. Die Hacksteaks darin von jeder Seite ca. 2 Minuten braten.

3 Brötchen nacheinander auf dem Brötchenaufsatz des Toasters aufbacken. Dann durchschneiden. Untere Hälften mit Salat, Gurke, Tomaten und Zwiebelringen belegen. Ketchup und Mayonnaise darauf verteilen. Je 1 Hacksteak und

1 Käsescheibe darauflegen und mit den oberen Hälften bedecken. Die Cheeseburger sofort servieren.
Getränk: kühle Saftschorle.

Zubereitungszeit ca. 20 Min.
Stück ca. 550 kcal
E 34 g · F 29 g · KH 35 g

Croques mit Putenschnitzel

Zutaten für 4 Stück:

- 150 g Vollmilch-Joghurt
- 2 EL Salat-Mayonnaise
- 1 Bund Schnittlauch
- ½ Salatgurke
- Salz, Pfeffer
- 4 kleine Tomaten
- ½ Kopf Eisbergsalat
- 2 dünne Putenschnitzel (à ca. 150 g)
- 1 EL Öl
- 1 Baguette (ca. 250 g)

1 Joghurt und Mayonnaise verrühren. Schnittlauch waschen und in Röllchen schneiden. Bis auf 1 EL in die Mayonnaise rühren. Gurke waschen. Ca. ⅓ würfeln und in die Mayonnaise rühren. Mit Salz und Pfeffer abschmecken. Rest Gurke in Scheiben hobeln.

2 Tomaten waschen und in Scheiben schneiden. Eisbergsalat putzen, waschen und in mundgerechte Stücke zupfen. Fleisch waschen und trocken tupfen. Putenschnitzel in Stücke schneiden. Öl in einer Pfanne erhitzen. Fleisch darin von jeder Seite ca. 2 Minuten braten, mit Salz und Pfeffer würzen und herausnehmen.

3 Baguette in 4 Stücke teilen und längs halbieren. Die Hälften mit der Mayonnaise bestreichen. Auf die untere Hälfte Eisbergsalat, Gurkenscheiben, Putenschnitzel und Tomaten schichten. Mit Rest Schnittlauch bestreuen, obere Hälfte daraufsetzen. **Getränk:** kühles Mineralwasser.

Zubereitungszeit ca. 30 Min.
Stück ca. 340 kcal
E 26 g · F 9 g · KH 37 g

Kalte Küche

So klappt's ganz ohne Herd: Sie können statt der Schnitzel auch geräucherten Putenbrust-Aufschnitt auf die Croques legen. Dann sind sie noch schneller fertig.

Kunterbunter Nudelsalat

Zutaten für 4 Personen:

- **250 g Gabel-Spaghetti**
- **Salz, Pfeffer, Zucker**
- **100 g TK-Erbsen**
- **1 EL Öl**
- **2 EL Kräuter-Essig**
- **50 g Gouda (Stück)**
- **1 Dose (212 ml) Maiskörner**
- **2 Gewürzgurken +**
  4–5 EL Gurkensud (Glas)
- **1 Paprikaschote (z. B. rot)**
- **5–6 EL leichte Salatcreme**
- **125 g Dickmilch**
- **75 g gekochter Schinken**
- **evtl. Petersilie zum Garnieren**

1 Die Nudeln in kochendem Salzwasser ca. 8 Minuten garen. Erbsen 3 Minuten mitgaren. Beides abtropfen lassen, dann in einer Schüssel mit Öl und Essig mischen. Etwas abkühlen lassen.

2 Käse in feine Stifte schneiden. Mais abtropfen lassen. Gurken in Scheiben schneiden. Paprika putzen, waschen und in kleine Stücke schneiden. Vorbereitete Zutaten unter die Spaghetti heben. Salatcreme, Dickmilch und Gurkensud verrühren. Mit Salz, Pfeffer und 1 Prise Zucker abschmecken. Unter den Nudelsalat mischen und ca. 15 Minuten ziehen lassen.

3 Inzwischen Schinken fein würfeln. Salat nochmals abschmecken und den Schinken darüberstreuen. Mit Petersilie garnieren.
Getränk: kühler Orangensaft.

Zubereitungszeit ca. 30 Min.
Portion ca. 430 kcal
E 20 g · F 11 g · KH 60 g

Hübsch garniert
Wenn Sie tatkräftige Unterstützung in der Küche haben: eine rote Paprika putzen, waschen, vierteln und lustige Figuren zum Garnieren ausstechen.

Gemüse-Nudelsuppe mit Würstchen-Spieß

Zutaten für 4 Personen:

- **Salz**
- **250 g Broccoli**
- **2 Möhren**
- **1 Zwiebel**
- **1 EL Öl**
- **2 EL Gemüsebrühe**
- **150 g Hörnchennudeln**
- **200 g Wiener Würstchen**
- **2 Mini-Salami (à 25 g)**
- **Pfeffer**
- **4 Scheiben Toastbrot**
- **4 Holzspieße**

1 Reichlich Salzwasser aufkochen. Broccoli putzen, waschen und in sehr kleine Röschen teilen. Möhren schälen, waschen, der Länge nach halbieren und in Scheiben schneiden. Zwiebel schälen und fein würfeln. Öl in einem Topf erhitzen. Möhren und Zwiebel darin andünsten. 1 l Wasser zugießen, Brühe einrühren, aufkochen und ca. 10 Minuten garen. Broccoli 4 Minuten mitgaren.

2 Nudeln im kochenden Salzwasser bissfest kochen. Wiener und Mini-Salami in Scheiben schneiden, auf 4 Spieße stecken. Spieße in der Suppe erhitzen. Nudeln abtropfen lassen und in die Suppe geben. Mit Salz und Pfeffer abschmecken.

3 Nudelsuppe und Würstchenspieße anrichten. Toastbrot toasten, evtl. Pilze daraus ausstechen. Zur Suppe reichen.
Getränk: kühles Mineralwasser.

Zubereitungszeit ca. 30 Min.
Portion ca. 410 kcal
E 15 g · F 22 g · KH 34 g

Käse-Hot-Dogs im Knuspermantel

Zutaten für 4 Stück:

- 1 Dose (300 g; 4 Stück) gekühlter Frischteig „Baguette-Brötchen"
- 5 Scheiben (à ca. 30 g) Gouda
- 4 Hot-Dog- oder andere Würstchen (Glas)
- 1 Salatgurke
- Salz
- 1 kleine Zwiebel
- 2 EL Weißwein-Essig
- Pfeffer
- Zucker
- 2 EL Öl
- 1 EL TK-Dill
- Backpapier

1 Den Backofen vorheizen (E-Herd: 200 °C/Umluft: 175 °C/Gas: Stufe 3). Teig aus der Dose nehmen, entrollen und in 4 Rechtecke trennen.

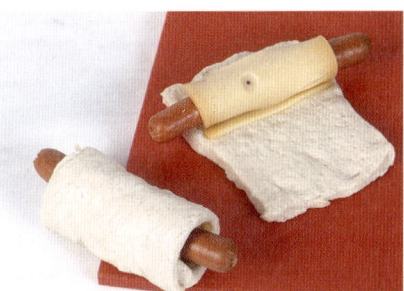

2 Käsescheiben entrinden. Würstchen abtropfen lassen. Jedes erst in 1 Käse-, dann in 1 Teigscheibe wickeln. Auf ein mit Backpapier ausgelegtes Backblech legen. Im heißen Backofen ca. 10 Minuten backen.

3 Inzwischen Gurke putzen, waschen und in eine Schüssel hobeln. Mit Salz würzen. Zwiebel schälen und fein würfeln. Essig, Salz, Pfeffer und 1 Prise Zucker verrühren. Öl darunterschlagen. Gurke, Zwiebel und Dill unter die Marinade heben.

4 Übrige Käsescheibe in feine Streifen schneiden. Rollen damit bestreuen und bei gleicher Temperatur weitere 10 Minuten backen.
Getränk: kühle Apfelsaft-Schorle.

Zubereitungszeit ca. 30 Min.
Stück ca. 490 kcal
E 28 g · F 24 g · KH 37 g

Putensteak mit Radieschen-Mäusen

Zutaten für 4 Personen:

- 12 Radieschen
- 24 Gewürznelken
- 8 Kopfsalat-Blätter
- ½ Salatgurke
- 4 Putensteaks (à 100 g)
- Salz
- Pfeffer
- 2 EL Öl
- 8 Mini-Babybel-Käse (à 20 g)

1 Radieschen waschen. Grün, bis auf einen kleinen Stummel, abschneiden. Eine Seite flach schneiden, sodass der „Radieschenkörper" sitzen kann. Von dem abgeschnittenen Stück zwei dünne Scheiben als Ohren abschneiden. Körper am „Stummelende" beidseitig einkerben und die Ohren einfügen. Nelken als Augen in die Radieschen stecken.

2 Salatblätter waschen, abtropfen lassen und in mundgerechte Stücke zupfen. Gurke waschen und in Scheiben schneiden. Fleisch waschen und trocken tupfen. Die Steaks halbieren, mit Salz und Pfeffer würzen.

3 Öl in einer Pfanne erhitzen. Steaks darin von jeder Seite ca. 3 Minuten braten. Fleisch herausnehmen, ca. 5 Minuten ruhen lassen. Käse aus der Hülle nehmen. Gurke, Steaks, Salat und Käse zu Türmchen schichten und mit je 1 Radieschen-Mäuschen krönen. Jeden Teller mit einer weiteren Maus garnieren.
Getränk: kühles Mineralwasser.

Zubereitungszeit ca. 25 Min.
Portion ca. 300 kcal
E 34 g · F 16 g · KH 3 g

Apfel-Quark-Pfannkuchen

Zutaten für 2 Personen:

- 100 g Magerquark
- 2 Eier
- 50 g Weizenmehl (z. B. Type 1050)
- ca. 5 EL Milch
- 1 TL Zucker
- Salz
- 1 großer säuerlicher Apfel
- 2 EL kernige Haferflocken
- 2 TL Öl
- 150 g Vanille-Joghurt
- evtl. Melisse zum Verzieren

1 Quark, Eier, Mehl, Milch, Zucker und 1 Prise Salz glatt rühren. Teig ca. 10 Minuten quellen lassen.

2 Apfel schälen, vierteln, entkernen und in dünne Spalten schneiden. Haferflocken in einer kleinen beschichteten Pfanne ohne Fett rösten, herausnehmen.

3 1 TL Öl in der Pfanne erhitzen. Die Hälfte Teig hineingeben, die Hälfte Apfelspalten darauf verteilen. Pfannkuchen bei mittlerer Hitze von jeder Seite 3–4 Minuten backen. Warm stellen. Auf die gleiche Weise einen zweiten Pfannkuchen backen.

4 Pfannkuchen mit je etwas Joghurt anrichten, mit Haferflocken bestreuen und mit Melisse verzieren. Rest Joghurt dazureichen.
Getränk: kühler Saft oder Früchtetee.

Zubereitungszeit ca. 30 Min.
Portion ca. 450 kcal
E 20 g · F 17 g · KH 50 g

Genauso lecker
Wenn Ihre Kinder andere Früchte lieber essen – die Pfannkuchen lassen sich auch prima mit frischen Heidelbeeren, Pflaumen oder Kirschen zubereiten.

147

Aber bitte

Überbackene Taco-Schnitzel

Zutaten für 4 Personen:

- **3 große Paprikaschoten**
  (z. B. grün, gelb, rot)
- **4 Schweineschnitzel**
  (à ca. 150 g)
- **2 EL Öl, Salz, Pfeffer**
- **1 Flasche (180 ml) Tomatensoße**
  (z. B. Sun dried Tomato Sauce)
- **1 TL Gemüsebrühe**
- **75 g Taco- oder Tortilla-Chips**
- **75–100 g Gratinkäse (Beutel)**
- **evtl. Basilikum zum Garnieren**

1 Backofen vorheizen (E-Herd: 225 °C/Umluft: 200 °C/Gas: Stufe 4). Paprika putzen, waschen und in schmale Streifen schneiden. Schnitzel evtl. waschen, trocken tupfen und halbieren.

2 Öl in einer großen Pfanne erhitzen. Schnitzel darin von jeder Seite ca. 3 Minuten braten. Mit Salz und Pfeffer würzen. Herausnehmen und in einer Auflaufform verteilen.

3 Paprika im Bratfett ca. 3 Minuten kräftig braten. Mit 150 ml Wasser und Tomatensoße ablöschen. Alles aufkochen, Brühe einrühren und ca. 5 Minuten einkochen. Soße abschmecken.

4 Soße über die Schnitzel gießen. Chips und Käse darüberstreuen. Im heißen Ofen ca. 7 Minuten überbacken. Mit Basilikum garnieren. Evtl. Tacos extra dazureichen. **Getränk:** kühles Bier.

Zubereitungszeit ca. 30 Min.
Portion ca. 440 kcal
E 42 g · F 18 g · KH 24 g

mit Käse!

Gouda, Parmesan & Co. sind für viele Gerichte das Tüpfelchen auf dem „i". Camembert und Ziegenkäse übernehmen auch gern mal die Hauptrolle

Toast Hawaii
mit Schweinesteaks

Zutaten für 8 Stück:

- 8 Scheiben Toastbrot
- 8 Scheiben (ca. 300 g) mittelalter Gouda
- 1 Dose (850 ml) Ananasscheiben
- 2 EL Öl
- 8 Schweinerückensteaks oder -schnitzel (à 75 g)
- Salz
- schwarzer Pfeffer
- 2 EL (40 g) Butter/Margarine
- evtl. Kirschtomaten und Petersilie zum Garnieren
- Backpapier

1 Backofen vorheizen (E-Herd: 200 °C/Umluft: 175 °C/Gas: Stufe 3). Brot toasten. Käse entrinden und jede Scheibe in 6 Streifen schneiden. Ananas abgießen, abtropfen lassen.

2 Fleisch trocken tupfen. Im heißen Öl pro Seite ca. 2 Minuten braten. Mit Salz und Pfeffer würzen.

3 Toasts mit Fett bestreichen. Fleisch und Ananas darauflegen. Mit je 6 Käsestreifen gitterartig belegen. Toastscheiben auf ein mit Backpapier belegtes Backblech legen.

4 Im heißen Backofen so lange überbacken, bis der Käse zerlaufen ist. Toasts mit Tomaten und Petersilienblättchen garnieren. **Getränk:** kühler Weißwein.

Zubereitungszeit ca. 30 Min.
Stück ca. 440 kcal
E 32 g · F 21 g · KH 28 g

Champignons in Käse-Weißweinsoße

Zutaten für 3 Personen:

- 750 g mittelgroße Champignons
- 2 mittelgroße Zwiebeln
- 2 EL Öl
- Salz
- weißer Pfeffer
- ⅛ l trockener Weißwein
- 1–2 TL Gemüsebrühe
- 75 g geriebener Gouda
  oder Emmentaler
- 200 g Schmand oder
  stichfeste saure Sahne
- 2–3 Stiele Petersilie

1 Den Backofen vorheizen (E-Herd: 200 °C/Umluft: 175 °C/Gas: Stufe 3). Pilze putzen, waschen und halbieren. Zwiebeln schälen, fein würfeln.

2 Öl in einer großen Pfanne erhitzen. Zwiebeln darin andünsten. Die Pilze zufügen und bei starker Hitze ca. 5 Minuten kräftig braten. Mit Salz und Pfeffer würzen.

3 Mit Wein und ⅛ l Wasser ablöschen, aufkochen. Brühe einrühren und alles ca. 5 Minuten köcheln. Käse und Schmand verrühren. Hälfte Käsecreme unter die Pilze rühren.

4 Pilze in eine ofenfeste Form füllen. Übrige Creme darauf verteilen und im heißen Backofen ca. 10 Minuten backen. Petersilie waschen, bis auf etwas zum Garnieren hacken und darüberstreuen. Garnieren. Dazu schmeckt Baguette.
Getränk: kühler Weißwein.

Zubereitungszeit ca. 30 Min.
Portion ca. 400 kcal
E 19 g · F 29 g · KH 6 g

Tomaten-Nudelsalat mit Ricottacreme

Zutaten für 6–8 Personen:

- 500 g kleine Muschelnudeln
- Salz, Pfeffer
- 200 g Blattspinat
- 250 g Kirschtomaten
- 1 Glas (250 g) getrocknete Tomaten in Öl
- 2–3 EL Pinienkerne
- 50 g Parmesan (Stück)
- 5–6 EL weißer Balsamico-Essig
- 2–3 TL getrocknete italienische Kräuter
- 200 g Ricotta (ital. Frischkäse) oder Schmand

1 Nudeln in reichlich kochendem Salzwasser ca. 10 Minuten bissfest garen.

2 Inzwischen den Spinat putzen, gut waschen, abtropfen lassen und evtl. etwas kleiner zupfen. Kirschtomaten waschen, vierteln. Getrocknete Tomaten abtropfen lassen, Öl auffangen. Tomaten fein würfeln. Kerne in einer Pfanne ohne Fett rösten, herausnehmen. Parmesan grob raspeln.

3 Essig, Salz, Pfeffer und Kräuter verrühren. Ca. 8 EL Tomatenöl darunterschlagen. Ricotta unterrühren.

4 Nudeln abtropfen lassen. Marinade und Spinat sofort daruntermischen, sodass der Käse schmilzt. Die gesamten Tomaten und Kerne unterheben, nochmals abschmecken. Mit Parmesan bestreuen. Schmeckt lauwarm und kalt.
Getränk: kühler Roséwein.

Zubereitungszeit ca. 30 Min.
Portion ca. 450 kcal
E 14 g · F 22 g · KH 47 g

Ricotta

… ist ein italienischer Frischkäse aus Kuh-, Schafs- oder Büffelmilch. Er schmeckt mild und ist schön cremig.

Camembert in Mandelkruste

Zutaten für 4 Personen:

- **je ½ Bund Petersilie und Schnittlauch**
- **250 g fettarmer Joghurt**
- **Salz, Pfeffer, Zucker**
- **½ Knollensellerie (ca. 350 g)**
- **1 großer Apfel**
- **2 EL Zitronensaft**
- **ca. 2 EL Mehl**
- **4–6 EL Paniermehl**
- **4 EL Mandelblättchen**
- **1 Ei**
- **4 Camemberts (à 125 g)**
- **2–3 EL Öl**

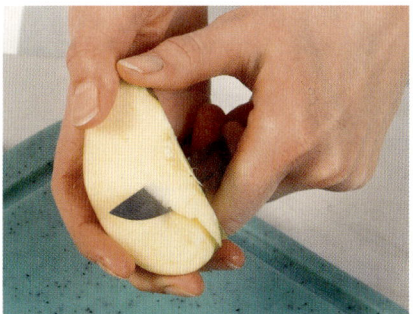

1 Kräuter waschen und fein schneiden. Joghurt mit Salz, Pfeffer und Zucker abschmecken. Sellerie schälen und waschen. Apfel waschen und entkernen. Beides in feine Stifte schneiden und mit Zitronensaft mischen. Kräuter und Joghurt darunterrühren.

2 Mehl, Paniermehl und Mandeln in einem tiefen Teller mischen. Ei in einem tiefen Teller verquirlen. Käse erst im Ei, dann in der Mandel-Mischung wenden. Etwas andrücken.

3 Öl in einer beschichteten Pfanne erhitzen. Käse darin von jeder Seite 3–4 Minuten goldbraun braten. Mit dem Selleriesalat anrichten. **Getränk:** kühles Mineralwasser oder Cidre.

Zubereitungszeit ca. 30 Min.
Portion ca. 530 kcal
E 38 g · F 30 g · KH 23 g

Käse-Salat-Teller mit Feigen

Zutaten für 4 Personen:

- 1 kleine Zwiebel
- 2 EL Weißwein-Essig
- 2 EL frisch gepresster Orangensaft
- Salz
- weißer Pfeffer
- 2 EL Olivenöl
- 150 g Feldsalat
- 50 g Mandeln mit Haut
- 3 Feigen
- 3 Birnen
- 150 g Hartkäse (z. B. Comté; Stück)

1 Zwiebel schälen und fein würfeln. Essig, Orangensaft, Salz und Pfeffer verrühren. Öl kräftig darunterschlagen. Zwiebel zufügen.

2 Den Feldsalat putzen, waschen und abtropfen lassen. Mandeln grob hacken und in einer Pfanne ohne Fett leicht rösten.

3 Feigen waschen, trocken tupfen und in Spalten schneiden. Birnen waschen, halbieren, entkernen und in Scheiben schneiden.

4 Käse fein hobeln. Salat, Feigen, Birnen und Käse zusammen anrichten. Mit Vinaigrette beträufeln und mit Mandeln bestreuen. **Getränk:** trockener Rotwein.

Zubereitungszeit ca. 30 Min.
Portion ca. 390 kcal
E 15 g · F 27 g · KH 19 g

Gratinierter Ziegenkäse auf Paksoi

Zutaten für 4 Personen:

- 2 Köpfe Paksoi (à ca. 500 g)
- 4 mittelgroße Tomaten
- 1 Zwiebel
- 2 Knoblauchzehen
- 2 EL Olivenöl
- Salz, Pfeffer
- 50 g schwarze Oliven
- 2 Rollen (à 150 g) Ziegenfrischkäse
- 4 Scheiben Frühstücksspeck (Bacon)

1 Grill bzw. Backofen vorheizen (E-Herd: 225 °C/Umluft: 200 °C/ Gas: Stufe 4). Paksoi putzen und waschen. Stiele in Streifen, Grün in grobe Stücke schneiden. Tomaten waschen und würfeln. Zwiebel und Knoblauch schälen, fein würfeln.

2 Öl erhitzen. Zwiebel, Knoblauch und Stiele darin ca. 3 Minuten anbraten. Paksoi-Grün und Tomaten einrühren. Würzen. Oliven evtl. entsteinen und unterheben.

3 Gemüse in 4 kleine oder 1 große ofenfeste Form füllen. Käse in 8 Taler schneiden, mit Pfeffer würzen. Speck längs halbieren und um je 1 Taler wickeln. Auf dem Gemüse verteilen. Unter dem heißen Backofengrill oder im vorgeheizten Backofen 5–7 Minuten gratinieren. Dazu schmeckt Baguette.
Getränk: kühler Roséwein.

Zubereitungszeit ca. 30 Min.
Portion ca. 420 kcal
E 23 g · F 32 g · KH 7 g

Kohl aus Fernost

In seiner südostasiatischen Heimat ist Paksoi sehr beliebt. Bei uns ist der Kohl noch weitgehend unbekannt. Ganz zu Unrecht: Denn durch seinen milden Geschmack ist er enorm vielseitig. Statt Paksoi können Sie auch Chinakohl oder Mangold nehmen.

Bandnudeln mit Spinat & Feta

Zutaten für 4 Personen:

- Salz, weißer Pfeffer
- 600 g junger Blattspinat
- 2 mittelgroße Zwiebeln
- 2 Knoblauchzehen
- 400 g Bandnudeln
- 4–6 EL Öl (z. B. Olivenöl)
- 2 EL (ca. 30 g) Pinienkerne
- 2 TL getrocknete
  italienische Kräuter
- 75–100 g Feta oder Schafskäse
- evtl. Basilikum zum Garnieren

1 Für die Nudeln reichlich Salzwasser aufkochen. Spinat verlesen, waschen und gut abtropfen lassen. Zwiebeln und Knoblauch schälen und fein würfeln. Nudeln in das kochende Wasser geben und ca. 10 Minuten bissfest garen.

2 Zwiebeln im heißen Öl unter Rühren glasig dünsten. Pinienkerne, Knoblauch und getrocknete Kräuter untermischen. Ca. 2 Minuten dünsten. Spinat zufügen, zusammenfallen lassen und alles gut mischen. Mit Salz und Pfeffer würzen.

3 Käse grob raspeln oder zerbröckeln. Nudeln abgießen und abtropfen lassen. Mit Spinat mischen und mit Käse bestreuen. Garnieren. **Getränk**: kühler Weißwein.

Zubereitungszeit ca. 30 Min.
Portion ca. 550 kcal
E 22 g · F 18 g · KH 71 g

Birnen-Schinken-Quiche mit Raclette

Zutaten für 6 Stück:

- 1 Rolle frischer Blätterteig
  (275 g mit 6 Quadraten; Kühlregal)
- 1 Dose (850 ml) Birnen
- 6 Scheiben (à 20 g) Raclette-Käse
- 6 dünne Scheiben
  gekochter Schinken
- weißer Pfeffer
- 1 mittelgroße Zwiebel
- 1–2 EL Weißwein-Essig
- Salz
- Zucker
- 2 EL Öl
- 200 g Feldsalat

Zubereitungszeit ca. 30 Min.
Stück ca. 390 kcal
E 13 g · F 23 g · KH 30 g

1 Teig aus der Folie nehmen und kurz ruhen lassen. Ofen vorheizen (E-Herd: 200 °C/Umluft: 175 °C/Gas: Stufe 3). Birnen abtropfen lassen. Teig entrollen und in Quadrate trennen.

2 6 Auflauf- oder Tortelettförmchen (ca. 10 cm Ø) damit auslegen. Teigböden mit einer Gabel mehrmals einstechen. Käsescheiben aufeinanderlegen und entrinden.

3 Jeweils 1 Scheibe Schinken, 1 Birnenhälfte und 1 Scheibe Käse auf den Teig legen. Mit Pfeffer bestreuen. Die Quiches im heißen Backofen ca. 15 Minuten goldgelb backen.

4 Zwiebel schälen, würfeln. Mit Essig, Salz, Pfeffer, Zucker und Öl verschlagen. Salat putzen, waschen und trocken schütteln. Mit Soße mischen. **Getränk:** trockener Rotwein.

157

Blitzkur für die

Abnehmen ohne Frust: Mit diesen Kalorienspar-Gerichten rücken Sie kleinen Pölsterchen zu Leibe. Und zwar, ohne auf Gaumenfreuden zu verzichten

Figur

Rinderfilet mit Balsamico-Tomaten und Pilz-Risotto

Zutaten für 4 Personen:

- 6 EL Balsamico-Essig
- Salz
- schwarzer Pfeffer
- 4 Rinderfiletsteaks (à 100 g)
- 300 g Schalotten
- 1 TL Gemüsebrühe
- 150 g Risotto-Reis
- 400 g Kirschtomaten
- 150 g Champignons
- 1 EL Öl
- evtl. Zucker
- evtl. Basilikum zum Garnieren
- Alufolie

1 Essig mit Salz und Pfeffer würzen. Steaks darin marinieren. Schalotten schälen und halbieren. 2 Schalotten fein würfeln. Brühe in knapp 1 l heißem Wasser auflösen. 800 ml davon aufkochen. Reis und gewürfelte Schalotten darin unter gelegentlichem Rühren ca. 20 Minuten garen.

2 Inzwischen Tomaten waschen und halbieren. Champignons putzen, waschen und in feine Scheiben schneiden. Öl in einer beschichteten Pfanne erhitzen. Steaks aus der Marinade nehmen, trocken tupfen und von beiden Seiten 2–3 Minuten im heißen Öl scharf anbraten. Herausnehmen und in Folie wickeln.

3 Champignons kurz im Bratfett anbraten. Herausnehmen. Schalotten und Tomaten ins Bratfett geben und ca. 5 Minuten braten. Mit Marinade und Rest Brühe ablöschen. Aufkochen und 2–3 Minuten köcheln. Pilze unter den Risotto heben, mit Pfeffer abschmecken.

4 Risotto, Tomaten-Schalotten-Gemüse und Filetsteaks zusammen anrichten. Balsamico-Jus mit Zucker abschmecken, darüberträufeln. Mit Basilikum garnieren. **Getränk:** kühles Mineralwasser mit Zitrone.

Zubereitungszeit ca. 30 Min.
Portion ca. 370 kcal
E 28 g · F 7 g · KH 46 g

Gebratenes Fischfilet auf Gurkensalat

Zutaten für 4 Personen:

- 1 Bio-Zitrone
- 700 g Fischfilet
  (z. B. Seelachs)
- 2 EL Weißwein-Essig
- Salz, Pfeffer, Zucker
- 3–4 EL Öl
- 1 Salatgurke
- 1 große Zwiebel (z. B. rot)
- je ½ Bund Dill und Petersilie
- 1 Beutel Kartoffelpüree
  (für ½ l Flüssigkeit; komplett mit Milch)

1 Zitrone heiß waschen und trocken reiben. Schale fein abraspeln, Saft auspressen. Fisch waschen, trocken tupfen und in 4 Stücke schneiden. Mit Zitronensaft beträufeln, ziehen lassen.

2 Essig, Salz, Pfeffer, 1 Prise Zucker und 1–2 EL Öl verschlagen. Gurke putzen, waschen und in dünne Scheiben hobeln. Zwiebel schälen und hacken. Beides mit Marinade mischen.

3 Fisch mit Salz und Pfeffer würzen. In 2 EL heißem Öl von jeder Seite 4–5 Minuten braten.

4 ½ l Wasser aufkochen und 1 Minute abkühlen lassen. Inzwischen Kräuter waschen und, bis auf etwas Dill zum Garnieren, fein schneiden. Kräuter mit der Zitronenschale und etwas Salz mischen. Auf die gebrate-

nen Fischfilets streuen. Püreeflocken ins heiße Wasser rühren. Fisch mit Gurkensalat anrichten, mit übrigem Dill garnieren. Püree dazureichen.
Getränk: kühles Mineralwasser.

Zubereitungszeit ca. 30 Min.
Portion ca. 290 kcal
E 33 g · F 9 g · KH 18 g

Fettarme Fische
Seelachs, Kabeljau
und Schellfisch haben maximal
1 g Fett pro 100 g. Das
macht sie so beliebt in der leich-
ten Küche. Sehr figurfreund-
lich sind aber auch Lengfisch,
Tilapia und Pangasius.

Penne mit Paprikasoße

Zutaten für 4 Personen:

- Salz
- 1 Zwiebel
- 1–2 Knoblauchzehen
- 400 g eingelegte geröstete Paprika (Glas)
- 200 g Nudeln (z. B. Penne)
- 1 EL Öl
- 4 mittelgroße Tomaten
- 12 grüne Oliven (ohne Stein)
- Chilipulver oder Cayennepfeffer
- 5–6 Stiele Basilikum
- 50 g Parmesan (Stück)

1 Reichlich Salzwasser aufkochen. Zwiebel und Knoblauch schälen und fein würfeln. Paprika trocken tupfen und in grobe Stücke schneiden. Nudeln ins kochende Salzwasser geben, ca. 10 Minuten bissfest garen.

2 Öl im kleinen Topf erhitzen. Zwiebel und Knoblauch darin andünsten. Paprika zufügen und mitdünsten. Mit 400 ml Wasser ablöschen, alles aufkochen und zugedeckt ca. 5 Minuten köcheln.

3 Tomaten waschen und sehr fein würfeln. Oliven in Ringe schneiden. Die Paprika-Mischung mit einem Pürierstab pürieren. Tomaten und Oliven zufügen und alles 3–4 Minuten köcheln. Soße mit Salz und Chilipulver abschmecken.

4 Basilikum waschen und Blättchen abzupfen. Nudeln abgießen, mit Soße anrichten. Parmesan darüberhobeln und mit Basilikum garnieren. **Getränk:** kühle Saft- oder Weißwein-Schorle.

Zubereitungszeit ca. 25 Min.
Portion ca. 300 kcal
E 12 g · F 8 g · KH 42 g

Fettucine mit Champignon-Rahm

Zutaten für 4 Personen:

- Salz
- 250 g Champignons
- 1 Bund (200 g) Lauchzwiebeln
- 150 g Kirschtomaten
- 250 g Bandnudeln (z. B. Fettucine)
- 2 Scheiben (à 10 g)
  Frühstücksspeck (Bacon)
- 1 EL Öl
- 1 TL Gemüsebrühe
- 1 Becher (125 g) Crème légère
- 1 EL heller Soßenbinder
- weißer Pfeffer
- getrockneter Thymian

1 Reichlich Salzwasser aufkochen. Pilze putzen, waschen und halbieren. Lauchzwiebeln putzen, waschen und in Ringe schneiden. Kirschtomaten waschen und halbieren.

2 Nudeln ins kochende Salzwasser geben und 8–10 Minuten bissfest garen. Den Speck in einer Pfanne knusprig braten, herausnehmen und auf Küchenpapier abtropfen lassen.

3 Öl im Speckfett erhitzen. Pilze darin 5–7 Minuten braten. Lauchzwiebeln und Tomaten zufügen. ¼ l Wasser, Brühe und Crème légère einrühren, aufkochen. Soßenbinder einrühren. Alles mit Salz, Pfeffer und Thymian würzen.

4 Nudeln abgießen und unter den Champignon-Rahm heben. Speck zerbröseln und darüberstreuen.
Getränk: kühles Mineralwasser oder Saft.

Zubereitungszeit ca. 30 Min.
Portion ca. 360 kcal
E 12 g · F 10 g · KH 54 g

Puten-Satéspieße mit Minz-Joghurt

Zutaten für 4 Personen:

- 1 Dose (850 ml) Ananas in Scheiben
- 1–2 rote Chilischoten
- 8 Stiele Minze
- 400 g Magermilch-Joghurt
- Salz
- weißer Pfeffer
- 4 Putenschnitzel (à 150 g)
- 2 EL Öl
- evtl. Chilischoten zum Garnieren
- 40 g Tortilla-Chips
- 8 Holzspieße

1 Ananas abtropfen lassen. Chilischoten putzen, halbieren und entkernen. Schoten waschen und sehr fein hacken. Minze waschen und, bis auf etwas zum Garnieren, in feine Streifen schneiden.

2 2 Scheiben Ananas halbieren. Restliche Ananas fein würfeln. Joghurt mit Chili, Minze und Ananaswürfeln verrühren. Mit Salz und Pfeffer würzen.

3 Fleisch waschen, trocken tupfen, längs in feine Streifen schneiden. Fleisch wellenfömig auf die Spieße stecken. Je 1 EL Öl in zwei beschichteten Pfannen erhitzen, Spieße darin rundherum 3–4 Minuten braten. Mit Salz und Pfeffer würzen.

4 Spieße mit halben Ananasscheiben, Dip und Tortilla-Chips servieren. Mit Chilischoten und übriger Minze garnieren.
Getränk: kühle Saftschorle.

Zubereitungszeit ca. 20 Min.
Portion ca. 400 kcal
E 42 g · F 9 g · KH 36 g

Kichererbsensalat mit Garnelen

Zutaten für 4 Personen:

- ½ TL Gemüsebrühe
- 4 EL (40 g) Weinessig
- Salz
- Pfeffer
- 1 ½ EL Senf
- 2 EL (40 g) flüssiger Honig
- 2 Schalotten oder 1 kleine Zwiebel
- 200 g Brunnenkresse
- 200 g Kirschtomaten
- 200 g Kichererbsen (Dose)
- 12 große Garnelen (ca. 200 g; roh, ohne Schale)
- 2 EL Öl
- 4 Brötchen (à ca. 50 g)

1 Für die Vinaigrette 100 ml heißes Wasser, Brühe, Essig, Salz, Pfeffer, Senf und Honig verquirlen. Schalotten schälen, in feine Würfel schneiden, unter die Vinaigrette rühren.

2 Kresse putzen, waschen, trocken schütteln. Tomaten putzen, waschen und vierteln. Kichererbsen in ein Sieb schütten, abspülen und abtropfen lassen.

3 Garnelen waschen und schälen. Einschneiden und entdarmen. Öl in einer Pfanne erhitzen. Garnelen von jeder Seite ca. 2 Minuten braten. Aus der Pfanne nehmen und mit Salz und Pfeffer würzen.

4 Salatzutaten auf Tellern anrichten und mit der Vinaigrette beträufeln. Brötchen dazureichen. **Getränk:** kühles Mineralwasser.

Zubereitungszeit ca. 25 Min.
Portion ca. 330 kcal
E 17 g · F 8 g · KH 45 g

Möhrensuppe mit Geflügel-Würstchen

Zutaten für 4 Personen:

- **Salz**
- **500 g Möhren**
- **2 Stangen (ca. 650 g) Porree (Lauch)**
- **1 mittelgroße Zwiebel**
- **125 g Langkornreis**
- **1 TL Öl**
- **2 EL Gemüsebrühe**
- **4 Geflügel-Würstchen (à 50 g)**
- **½ Bund Petersilie**
- **Pfeffer**
- **evtl. geriebene Muskatnuss**

1 ¾ l Salzwasser aufkochen. Möhren schälen, waschen, längs halbieren und in Stücke schneiden. Porree putzen, gründlich waschen und in Ringe schneiden. Zwiebel schälen und würfeln. Reis ins kochende Salzwasser geben und bei schwacher Hitze ca. 20 Minuten ausquellen lassen.

2 Öl in einem Topf erhitzen, Zwiebel darin andünsten. Gemüse, 1¼ l Wasser und Brühe zufügen, aufkochen. Zugedeckt 15–20 Minuten garen.

3 Würstchen in Scheiben schneiden, 5 Minuten vor Ende der Garzeit in der Suppe erhitzen. Petersilie waschen und in feine Streifen schneiden. Reis abgießen, in die Suppe geben. Mit Salz, Pfeffer und Muskat abschmecken, mit Petersilie bestreuen.

Zubereitungszeit ca. 30 Min.
Portion ca. 320 kcal
E 13 g · F 14 g · KH 34 g

Extra-Tipp
Wer nicht so gern Reis isst, kann die Suppe auch mit 125 g kleinen Nudeln anreichern. Wie den Reis separat garen, damit die Suppe nicht trübe wird.

Hacksteak mit Reis & buntem Gemüse

Zutaten für 4 Personen:

- **160 g Langkornreis**
- **Salz**
- **4 mittelgroße Möhren**
- **2 mittelgroße Zucchini**
- **2 mittelgroße Paprikaschoten (z. B. rot)**
- **300 g Tatar (Beefsteakhack)**
- **2 EL (40 g) Magerquark**
- **Pfeffer, Edelsüß-Paprika**
- **1 EL Öl**
- **1 Zwiebel**
- **½ Bund Petersilie**

1 Reis in knapp 350 ml kochendes Salzwasser geben. Bei milder Hitze zugedeckt ca. 20 Minuten ausquellen lassen. Gemüse schälen bzw. putzen und waschen. ¼ davon fein würfeln.

2 Tatar, Quark und Gemüsewürfel verkneten. Mit Salz, Pfeffer und Edelsüß-Paprika würzen. Zu 4 flachen Hacksteaks formen und in einer beschichteten Pfanne im heißen Öl pro Seite 5–6 Minuten braten. Rest Gemüse in Stücke schneiden. Zwiebel schälen und würfeln. Hacksteaks aus der Pfanne nehmen und warm stellen.

3 Zwiebel und übriges Gemüse im heißen Bratfett anbraten. Mit Salz und Pfeffer würzen. ⅛–¼ l Wasser zufügen, kurz aufkochen und Gemüse zugedeckt ca. 5 Minuten köcheln. Mit Salz und Pfeffer abschmecken.

Petersilie waschen, hacken und darüberstreuen. Hacksteaks, Gemüse und Reis anrichten.
Getränk: kühles Mineralwasser oder alkoholfreies Bier.

Zubereitungszeit ca. 30 Min.
Portion ca. 310 kcal
E 23 g · F 7 g · KH 37 g

Multitalent Püree

Gut, wenn man Kartoffelpüree-flocken im Haus hat. Auch damit können Sie Hack lockern (hier z. B. mit 4 gehäuften TL und 8 TL Wasser). Suppen und Soßen kann man damit kalorienarm binden.

Geschnetzeltes mit Erbsen & Möhren

Zutaten für 4 Personen:

- Salz
- 1 Zwiebel
- 2 mittelgroße Möhren
- 250 g Champignons
- 400 g Schweineschnitzel
- 250 g Bandnudeln
- 1 EL Öl
- weißer Pfeffer
- 100 ml Vollmilch
- 1–2 TL Gemüsebrühe
- 150 g TK-Erbsen
- ca. 3 EL heller Soßenbinder
- 1–2 EL Zitronensaft
- evtl. Petersilie zum Garnieren

1 Reichlich Salzwasser aufkochen. Zwiebel schälen und fein würfeln. Möhren schälen, Pilze putzen, beides waschen und in Scheiben schneiden. Fleisch waschen, trocken tupfen und in Streifen schneiden. Nudeln ins kochende Salzwasser geben und 8–10 Minuten bissfest garen.

2 Öl in einer großen beschichteten Pfanne erhitzen. Fleisch darin rundherum kräftig anbraten. Würzen, herausnehmen. Zwiebel und Pilze im Bratfett ca. 5 Minuten braten. ³⁄₈ l Wasser, Milch und Brühe einrühren. Möhren und die gefrorenen Erbsen zugeben. Alles aufkochen und ca. 5 Minuten köcheln. Fleisch wieder in die Pfanne geben.

3 Geschnetzeltes mit Soßenbinder leicht binden und ca. 1 Minute köcheln. Mit Salz, Pfeffer und Zitronensaft abschmecken. Nudeln abgießen. Alles anrichten und garnieren. **Getränk:** kühles Mineralwasser mit Zitronensaft.

Zubereitungszeit ca. 30 Min.
Portion ca. 420 kcal
E 35 g · F 7 g · KH 51 g

Schlemmer-Ciabatta mit Thunfisch & Ei

Zutaten für 4 Personen:

- 4 Eier
- 2 Dosen (à 210 ml) Thunfisch naturell
- 6–8 Salatblätter (z. B. Eisbergsalat)
- 4 mittelgroße Tomaten
- 4 Gewürzgurken
- ½ Bund Petersilie
- ½ Bund Schnittlauch
- 4 EL leichte Salatcreme mit Joghurt
- Salz
- weißer Pfeffer
- 4 Ciabatta-Brötchen (à ca. 60 g)

1 Eier hart kochen. Abschrecken, schälen, abkühlen lassen. Thunfisch abtropfen lassen und zerzupfen. Den Salat putzen, waschen, trocken schütteln und etwas kleiner zupfen. Tomaten waschen und in Scheiben schneiden.

2 Gurken fein würfeln. Petersilie und Schnittlauch waschen und fein schneiden. Alles mit Salatcreme verrühren. Mit Salz und Pfeffer abschmecken.

3 Eier in Scheiben schneiden. Brötchen aufschneiden. Jeweils die untere Hälfte mit Salatblättern, Tomaten, Ei und Thunfisch belegen. Remoulade darauf verteilen und mit der oberen Brötchenhälfte bedecken.
Getränk: kühles Bier oder Mineralwasser.

Zubereitungszeit ca. 20 Min.
Portion ca. 420 kcal
E 43 g · F 9 g · KH 38 g

Imbiss mit Brot

Wenn's zünftig und zwanglos zugehen soll, sind belegte Brötchen, saftige Stullen und üppige Sandwiches einfach große Klasse

belegte Brote

Bagel mit Quark & Schinken

Zutaten für 4 Personen:

- je ½ **Bund Petersilie und Dill**
- 300 g **Speisequark (20 % Fett)**
- **Salz**
- **weißer Pfeffer**
- 100 g **Rucola (Rauke)**
- 4 **Bagels (à 50 g)**
- 8 **Scheiben (à ca. 20 g) Lachsschinken**
- evtl. **Tomate zum Garnieren**

1 Kräuter waschen, trocken tupfen und fein hacken. Mit dem Quark verrühren, mit Salz und Pfeffer abschmecken. Rucola putzen und waschen.

2 Bagels aufschneiden, den unteren Teil mit etwas Rucola belegen und die Quarkcreme darauf verteilen. Je 2 Scheiben Lachsschinken und nochmals etwas Rucola daraufgeben. Die Bageldeckel drauflegen. Bagels auf Tellern anrichten, mit etwas Rucola und Tomate garnieren.

Getränk: kühles Mineralwasser oder Weißwein-Schorle.

Zubereitungszeit ca. 20 Min.
Portion ca. 280 kcal
E 23 g · F 6 g · KH 32 g

Bagel-Variationen

In den USA sind Bagels mit Frischkäse und Räucherlachs sehr beliebt. Die Hefeteigkringel können Sie aber auch mit Tomate und Mozzarella oder mit hart gekochten Eiern und Currycreme füllen. Frische Salatblätter sind bei fast allen Kreationen mit von der Partie.

Bauernbrot mit Geflügel-Ananas-Salat

Zutaten für 4 Personen:

- 1 große Dose (850 ml) Ananasstücke
- 200 g Allgäuer Käse
- ½ Bund Schnittlauch
- 200 g Vollmilch-Joghurt
- 4 EL (40 g) Salatcreme
- 2 TL mittelscharfer Senf
- weißer Pfeffer, Salz
- 8 Salatblätter (z. B. Lollo rosso)
- 4 große Scheiben (à 60 g) Bauernbrot
- 4 TL Butter
- 4 Scheiben (120 g) Putenbrust-Aufschnitt

1 Ananas in einem Sieb gut abtropfen lassen. Käse in Würfel oder dicke Streifen schneiden. Schnittlauch waschen, trocken schütteln und in Röllchen schneiden.

2 Joghurt, Salatcreme und Senf in einer Schüssel glatt rühren. Mit Ananas, Käse und Hälfte Schnittlauchröllchen mischen. Mit Pfeffer und etwas Salz abschmecken.

3 Salatblätter waschen und trocken tupfen. Bauernbrot mit Butter bestreichen und die Salatblätter darauflegen. Mit Putenbrust-Aufschnitt belegen und Ananassalat darauf verteilen. Mit übrigen Schnittlauchröllchen bestreuen.
Getränk: kühler Weißwein.

Zubereitungszeit ca. 15 Min.
Portion ca. 670 kcal
E 29 g · F 27 g · KH 73 g

Alternative mit Biss
Wer seine Schnitte lieber kernig mag, nimmt z. B. Mehrkorn-, Haselnuss- oder Walnussbrot.

belegte Brote

Puten-Baguette mit Currycreme

Zutaten für 4 Personen:

- 4 Putenschnitzel (à ca. 100 g)
- 1–2 EL Öl
- Salz
- weißer Pfeffer
- 1 Dose (314 ml) Mandarinen
- 250 g leichter Frischkäse
- Curry
- 8 Salatblätter
- 1 rote Zwiebel
- ½ Salatgurke
- 4 Baguette-Brötchen
- evtl. Minze zum Garnieren

1 Fleisch waschen und trocken tupfen. Öl in einer Pfanne erhitzen und Fleisch darin von jeder Seite bei mittlerer Hitze 2–3 Minuten braten. Anschließend mit Salz und Pfeffer würzen. Abkühlen lassen.

2 Inzwischen Mandarinen abtropfen lassen. Frischkäse mit Salz, Pfeffer und Curry verrühren.

3 Salat waschen und gut trocken schütteln. Zwiebel schälen und in feine Ringe schneiden. Gurke waschen und in dünne Scheiben schneiden.

4 Brötchen aufschneiden und jeweils beide Hälften mit Currycreme bestreichen. Brötchen mit Salat, Mandarinen, Gurke, Zwiebel und Putenschnitzel belegen. Deckel daraufsetzen, anrichten. Mit Minze garnieren. **Getränk:** kühles Mineralwasser.

Zubereitungszeit ca. 20 Min.
Portion ca. 480 kcal
E 23 g · F 12 g · KH 66 g

Leichter Geflügel-Döner

Zutaten für 4 Personen:

- 400 g Putenschnitzel
- 1 TL Gyrosgewürz-Salz
- ½ kleine Salatgurke
- 1 Knoblauchzehe
- 300 g fettarmer Joghurt
- Salz
- weißer Pfeffer
- Zucker
- 1 EL Öl
- 1 mittelgroße Zucchini
- 150 g Römersalat
- 100 g Kirsch- oder kleine Tomaten
- 100 g leichter Feta oder Schafskäse
- ½ Fladenbrot (ca. 200 g)

1 Fleisch waschen, trocken tupfen, in Streifen schneiden, mit Gyrosgewürz bestreuen und ziehen lassen.

2 Gurke waschen und grob raspeln. Knoblauch schälen und hacken. Joghurt, Gurkenraspel und Knoblauch verrühren. Mit Salz, Pfeffer und etwas Zucker abschmecken.

3 Öl in einer Pfanne erhitzen. Fleisch darin ca. 5 Minuten goldbraun braten. Zucchini putzen, waschen, halbieren und in Scheiben schneiden. Zum Fleisch geben, 2 Minuten weiterbraten. Mit Salz und Pfeffer würzen.

4 Salat putzen, waschen und in Streifen schneiden. Tomaten waschen und halbieren. Käse grob zerbröckeln. Brot vierteln und in jedes Stück eine Tasche hineinschneiden. Mit Salat, Tomate, Käse, Fleisch und Soße füllen. Döner auf Tellern anrichten. **Getränk:** trockener Rotwein.

Zubereitungszeit ca. 30 Min.
Portion ca. 330 kcal
E 37 g · F 8 g · KH 26 g

belegte Brote

Schnitzelbrötchen mit Rucola

Zutaten für 6 Stück:

- 2 Hähnchenfilets (à ca. 175 g)
- 1 Ei
- 2–3 EL Paniermehl
- Salz
- schwarzer Pfeffer
- 2 EL Öl
- 200 g Doppelrahm-Frischkäse
- 2 TL mittelscharfer Senf
- 2 EL flüssiger Honig
- 50 g Rucola (Rauke)
- 3 mittelgroße Tomaten
- 1 Baguette (ca. 300 g)

1 Fleisch waschen und trocken tupfen. Ei verquirlen. Paniermehl, Salz und Pfeffer mischen. Hähnchenfilets waagerecht in vier Schnitzel schneiden. Fleisch erst in Ei, dann in Paniermehl wenden. Öl in einer beschichteten Pfanne erhitzen, Schnitzel darin von jeder Seite 3–4 Minuten braten. Herausnehmen, abkühlen lassen.

2 Inzwischen Frischkäse, Senf und Honig verrühren. Rucola putzen, waschen, abtropfen lassen. Tomaten waschen, in Scheiben schneiden.

3 Baguette dritteln und waagerecht aufschneiden. Unter- und Oberseite mit Frischkäsecreme bestreichen. Untere Hälften mit Rucola, Schnitzel und Tomaten belegen. Deckel daraufsetzen. Jedes Stück nochmal halbieren.
Getränk: kühles Bier.

Zubereitungszeit ca. 30 Min.
Portion ca. 350 kcal
E 21 g · F 13 g · KH 36 g

Ideal fürs Picknick

*Schnitzelbrötchen sind der richtige Proviant für den Ausflug ins Grüne. Dafür zu ⅔ in Pergamentpapier oder Servietten einschlagen und evtl.
mit Küchengarn umwickeln, damit beim späteren Verzehr die Finger sauber bleiben.
Dann in Frischhaltedosen packen.*

Ciabatta „speciale" mit Gorgonzola

Zutaten für 4 Personen:

- **4 Minutensteaks vom Schwein (à 70–80 g)**
- **1 EL Öl**
- **Salz**
- **weißer Pfeffer**
- **1 Glas (370 ml) geröstete Paprika**
- **150 g Gorgonzola**
- **2 Ciabatta-Brote**
- **evtl. Basilikum zum Garnieren**

1 Steaks evtl. abspülen und trocken tupfen. Mit Öl bestreichen und im vorgeheizten Kontaktgrill ca. 2 Minuten grillen oder im heißen Öl in der Pfanne pro Seite ca. 1 Minute braten. Mit Salz und Pfeffer würzen.

2 Paprika abtropfen lassen und in Stücke schneiden. Gorgonzola in Würfel schneiden. Brote halbieren und waagerecht aufschneiden (nicht ganz durchschneiden!). Mit Paprika, Steaks und Gorgonzola füllen.

3 Brote im vorgeheizten Kontaktgrill bei mittlerer Hitze nacheinander 5–8 Minuten grillen oder im vorgeheizten Ofen bei höchster Hitze kurz backen, bis der Käse leicht schmilzt. Alles anrichten und garnieren.
Getränk: kühler Weißwein.

Zubereitungszeit ca. 40 Min.
Portion ca. 510 kcal
E 34 g · F 15 g · KH 56 g

belegte Brote

Krabbenbrote mit Spitzkohl

Zutaten für 4 Personen:

- 300 g Spitzkohl
- 2 Zwiebeln (z. B. rot)
- 2 EL Olivenöl
- 1 EL mittelscharfer Senf
- 3 EL Weißwein-Essig
- ca. ½ TL Gemüsebrühe
- Zucker
- 3–4 Stangen Staudensellerie
- 1 Salatgurke
- 1 Bund Dill
- 400 g Nordsee-Krabbenfleisch
- Salz
- weißer Pfeffer
- 8 Scheiben Bauernbrot
- 200 g leichter Frischkäse

1 Kohl putzen, waschen und in feine Streifen schneiden. Zwiebeln schälen und fein würfeln. Öl in einer Pfanne erhitzen. Zwiebeln und Kohl ca. 1 Minute darin schwenken. Pfanne vom Herd nehmen. Senf, Essig, 100 ml Wasser, Brühe und 1 Prise Zucker zufügen. Alles gut durchrühren.

2 Sellerie putzen, waschen und in feine Stücke schneiden. Gurke waschen und mit einem Sparschäler in Streifen schneiden. Dill waschen und trocken tupfen. Fähnchen von den Stielen zupfen und, bis auf einige, fein hacken.

3 Sellerie, Gurke, Dill und Krabben unter den Kohl heben. Mit Salz und Pfeffer würzen. Brotscheiben dünn mit Frischkäse bestreichen. Salat darauf anrichten. Mit Dill garnieren.
Getränk: kühles Bier.

Zubereitungszeit ca. 30 Min.
Portion ca. 400 kcal
E 33 g · F 9 g · KH 45 g

American Club-Sandwich

Zutaten für 4 Personen:

- 8 Scheiben Frühstücksspeck (Bacon)
- einige Blätter Kopfsalat
- 250 g Tomaten
- 8 Scheiben Emmentaler
- 75 g Salat-Mayonnaise
- 1 EL körniger Senf
- 12 Scheiben Sandwichtoast
- je 8 dünne Scheiben gekochter Schinken und geräucherte Putenbrust
- 8 Holzspießchen

1 Speck in einer Pfanne ohne Fett knusprig braten, auf Küchenpapier abtropfen lassen. Salat waschen und trocken tupfen. Tomaten waschen und in Scheiben schneiden.

2 Käse entrinden. Mayonnaise und Senf verrühren. Toast goldbraun toasten und mit der Senf-Mayonnaise bestreichen. Salat auf 8 Scheiben verteilen. Mit Käse, Tomaten, Speck, Schinken und Putenbrust belegen.

3 Je 2 Scheiben aufeinanderlegen, die verbliebenen 4 Scheiben mit der Mayonnaise nach unten darauflegen. In jedes Sandwich 2 Holzspießchen stecken. Brote diagonal halbieren. Dazu passen Kartoffel-Chips. **Getränk:** leichter Rotwein oder Bier.

Zubereitungszeit ca. 25 Min.
Portion ca. 610 kcal
E 39 g · F 30 g · KH 45 g

Die Sandwich-Story

Fast Food ist eine Erfindung der Neuzeit? Falsch. Die berühmteste Stulle wurde schon 1762 in England „geschmiert". Damit der 4. Earl of Sandwich – ein berüchtigter Zocker – im Londoner „Hall Fire Club" sein Pokerspiel nicht unterbrechen musste, ließ er sich kaltes Roastbeef zwischen halbierten Toastscheiben servieren. Das Sandwich war geboren.

Süßes

Pfirsich-Schnitten mit Joghurtsahne

Zutaten für 8 Stück:

- ca. 50 g **Schoko-Glasur** (Flasche oder Beutel)
- 1 **Zitronen-Kastenkuchen** (400 g; fertig gekauft)
- 1 Glas (500 g) **rote Grütze**
- 8 **Pfirsichhälften** (Dose)
- 200 g **Schlagsahne**
- 2 Päckchen **Vanillin-Zucker**
- 75 g **Vollmilch-Joghurt**
- evtl. **Minze** zum Verzieren

1 Die Flasche mit Schoko-Glasur ca. 10 Minuten in heißes Wasser legen.

2 Kuchen in 8 Scheiben schneiden und in 8 Dessertschälchen verteilen. Hälfte rote Grütze darauf verteilen. Je eine Pfirsichhälfte daraufsetzen. Sahne steif schlagen und Vanillin-Zucker dabei einrieseln lassen.

3 Joghurt unter die Sahne heben und als Klecks auf die Sandwiches geben. Mit Glasurstreifen und Minze verzieren. Restliche Grütze dazureichen.

Zubereitungszeit ca. 15 Min.
Stück ca. 460 kcal
E 4 g · F 23 g · KH 55 g

Extra-Tipp

Dieses Dessert gelingt auch nach „Tiramisu-Art". Kuchenscheiben nebeneinander in eine flache große Form legen. Dann die gesamte rote Grütze, Pfirsiche und zuletzt die Joghurt-Sahne darauf verteilen. Mit Schokostreifen oder Kakao verzieren. Vorm Anschneiden mind. 2 Stunden im Kühlschrank kalt stellen.

Finale mit Pfiff

Happy End für Leckermäulchen: Ob zarte
Creme oder fruchtige Schichtspeise –
diese Desserts sind im Handumdrehen fertig
und so köstlich, dass keiner dran vorbeikommt!

Gefüllte Papaya mit Rumsahne

Zutaten für 4 Personen:

- 2 Papayas (à ca. 450 g)
- ½ reife Ananas
- 1 Kiwi
- 1 mittelgroße Banane
- 1 Sternfrucht (Karambole)
- 1 EL Zitronensaft
- 1 EL Zucker
- 1 EL Mandelblättchen
- 150 g Schlagsahne
- 1 Päckchen Vanillin-Zucker
- 2 EL Rum

1 Papayas halbieren, entkernen und etwas aushöhlen. Ananas schälen, vierteln und den Strunk entfernen. Ananas- und Papaya-Fruchtfleisch in Stücke schneiden. Kiwi schälen, halbieren und in Stücke schneiden. Banane schälen, Sternfrucht waschen und beides in Scheiben schneiden. Obst mit Zitronensaft und Zucker mischen.

2 Mandelblättchen ohne Fett rösten. Sahne halbsteif schlagen, Vanillin-Zucker dabei einrieseln lassen. Rum zugeben. Obstsalat in die Papayahälften verteilen. Mit Rumsahne und Mandeln anrichten.

Zubereitungszeit ca. 30 Min.
Portion ca. 240 kcal
E 3 g · F 14 g · KH 21 g

Extra-Tipp

Reife Papayas haben eine gelbe Schale und geben auf sanften Fingerdruck nach. Ihr Fruchtfleisch ist süß und schmeckt nach Melone, Aprikose und Himbeere. Noch leicht grüne Früchte reifen bei Zimmertemperatur nach.

Beeren-Buttermilch-Kaltschale

Zutaten für 4 Personen:

- 1 l gut gekühlte Buttermilch
- 2 Päckchen Vanillin-Zucker
- Saft von 2 Zitronen
- 4–5 EL Zucker
- 500–600 g gemischte Beeren
  (z. B. Himbeeren, Brombeeren,
  Johannisbeeren und Erdbeeren)
- 2 Scheiben (à 50 g) Schwarzbrot
- evtl. Zitronenmelisse
  zum Verzieren

1 Buttermilch, Vanillin-Zucker, Zitronensaft und 3–4 EL Zucker verrühren, bis sich der Zucker gelöst hat.

2 Him- und Brombeeren verlesen, waschen. Johannisbeeren waschen und von den Rispen streifen. Erdbeeren waschen, putzen und halbieren. Schwarzbrot zerbröseln und mit 1 EL Zucker mischen.

3 Buttermilch in 4 tiefe Teller füllen. Beeren hineingeben und mit Brotbröseln bestreuen. Mit Melisse verzieren und sofort servieren.

Zubereitungszeit ca. 20 Min.
Portion ca. 250 kcal
E 12 g · F 2 g · KH 44 g

Blitz-Eis

Die oben angegebenen Zutaten mit 500 g TK-Beeren pürieren. Schwarzbrot-Brösel unterheben. Fertig ist ein schnelles und superfruchtiges Beeren-Eis.

Desserts

Schnelle Fürst-Pückler-Creme

Zutaten für 6 Personen:

- ½ l Milch
- 1 Beutel Cremepudding-Pulver „Schokolade"
  (ohne Kochen; für ½ l Milch)
- 50 g Schokoladenstreusel
- 200 g Schlagsahne
- 1 Päckchen Vanillin-Zucker
- 500 g Erdbeeren
- evtl. Melisse zum Verzieren

1 Milch und Cremepulver in einen hohen Rührbecher geben. Mit den Schneebesen des Handrührgerätes erst auf niedrigster Stufe verrühren. Dann auf höchster Stufe ca. 1 Minute cremig rühren. Schokoladenstreusel, bis auf 1 EL, unterheben. Creme in 6 Dessertgläser füllen und in den Kühlschrank stellen.

2 Sahne steif schlagen, Vanillin-Zucker dabei einrieseln lassen. Erdbeeren waschen, putzen und in Scheiben schneiden. Sahne und Erdbeeren auf der Schokoladencreme verteilen. Mit restlichen Schokoladenstreuseln bestreuen und mit Melisseblättchen verzieren.

Zubereitungszeit ca. 30 Min.
Portion ca. 280 kcal
E 5 g · F 16 g · KH 28 g

Vanille-Variante

Auch einen Versuch wert: einen Vanille-Pudding ohne Kochen zubereiten. Die Sahne mit Orangenschalen-Aroma abschmecken und beides mit Mandarinen aus der Dose in Gläser schichten.

Mandarinen-Mohn-Becher

Zutaten für 4 Personen:

- 1 Dose (314 ml) Mandarinen
- 2–3 EL Ahornsirup
  oder flüssiger Honig
- ½ Vanilleschote oder
  1 Päckchen Bourbon-Vanillezucker
- 2 EL gemahlener Mohn
  (z. B. aus dem Reformhaus)
- 200 g Schlagsahne
- 300 g Vollmilch-Joghurt
- evtl. Melisse zum Verzieren

1 Mandarinen abtropfen lassen, Saft dabei auffangen. 1 EL Ahornsirup und 2 EL Mandarinensaft verrühren. Mandarinen darin kurz ziehen lassen.

2 Vanilleschote mit einem Messer der Länge nach einritzen und das Vanillemark herausschaben. Vanillemark, 1–2 EL Ahornsirup, Mohn und 2–3 EL Mandarinensaft unter den Joghurt rühren. Sahne steif schlagen und vorsichtig darunterziehen.

3 Mohn-Joghurt in 4 Dessertschalen verteilen. Mandarinen mit der Marinade darauf anrichten. Mit Melisseblättchen verzieren.

Zubereitungszeit ca. 15 Min.
Portion ca. 290 kcal
E 5 g · F 21 g · KH 19 g

Extra-Tipp

Mohn enthält viel Öl. Gemahlen wird er deshalb schnell ranzig und ist nur begrenzt haltbar. Kaufen Sie daher möglichst kleine Mengen oder frieren Sie ihn ein. Wenn Sie eine Mohnmühle haben, können Sie ihn auch portionsweise selbst mahlen.

Weinschaum
mit rosa Biskuits

Zutaten für 4 Personen:

- 2 frische Eier + 2 Eigelb (Gr. M)
- 75 g Zucker
- abgeriebene Schale und
  Saft von ½ Bio-Zitrone
- 100 ml trockener Weißwein
- Salz
- 2 Löffelbiskuits (z. B. rosa; s. Tipp)
- Puderzucker zum Bestäuben

1 1 Ei trennen. Eiweiß kalt stellen.
1 Ei, 3 Eigelb, Zucker und Zitronenschale im heißen Wasserbad mit den
Schneebesen des Handrührgerätes
ca. 7 Minuten dickcremig schlagen.

2 Wein und Zitronensaft zugießen.
Weiterschlagen, bis sich das
Volumen verdoppelt hat. Creme dann
im kalten Wasserbad kalt schlagen.

3 1 Eiweiß und 1 Prise Salz steif
schlagen, unter die Creme heben.
In 4 Dessertschalen verteilen.
Biskuits fein darüberbröseln und mit
Puderzucker bestäuben.

Zubereitungszeit ca. 25 Min.
Portion ca. 180 kcal
E 6 g · F 7 g · KH 19 g

Feines Gebäck

*Rosa Löffelbiskuits, „Biscuits
Roses de Reims" genannt, sind
eine Spezialität aus der
Champagne. Dort stippt man
die zarten Kekse sogar
auch in den edlen Champagner.*

Himbeer-Schmand-Streifen

Zutaten für 6–7 Stücke:

- **1 Rolle (270 g) frischer Blätterteig (auf Backpapier ausgerollt, ca. 24 x 42 cm; Kühlregal)**
- **400 g frische Himbeeren**
- **250 g Schmand**
- **1–2 TL Zucker**
- **1 Päckchen Vanillin-Zucker**
- **Puderzucker zum Bestäuben**

1 Backofen vorheizen (E-Herd: 225 °C/ Umluft: 200 °C/Gas: Stufe 4). Blätterteig samt Backpapier auf einem Backblech (ca. 35 x 40 cm) entrollen. Beide Längskanten erst ca. 1 cm zur Mitte überklappen, dann nochmals ca. 4 cm. Teigkanten mit einer Schere im Abstand von ca. 2 cm leicht einschneiden. Teigboden mit einer Gabel mehrmals einstechen. Im Backofen 10–15 Minuten backen. Auf dem Backblech abkühlen lassen.

2 Inzwischen die Beeren verlesen und evtl. waschen. Schmand, Zucker und Vanillin-Zucker mit dem Handrührgerät dickcremig aufschlagen. Teigstreifen in 6–7 Stücke schneiden. Schmand und Beeren darauf verteilen. Mit Puderzucker bestäuben.

Zubereitungszeit ca. 30 Min.
Stück ca. 290 kcal
E 4 g · F 20 g · KH 22 g

Aber bitte mit Sahne!

Probieren Sie die Schnitten mal mit Stracciatella-Sahne: dafür 200 g süße Sahne und 1 Päckchen Bourbon-Vanillezucker steif schlagen. Anschließend 50 g Schokoraspel darunterziehen.

Herbstlicher Obstsalat

Zutaten für 4 Personen:

- 2–3 TL flüssiger Honig
- Saft von 1 Zitrone
- 250 g blaue Weintrauben
- 2 Äpfel
- 2 reife Birnen
- 1–2 EL Mandelstifte oder -blättchen
- 4 EL Schmand oder Crème fraîche
- 1–2 TL Zucker
- evtl. Minzeblättchen zum Verzieren

1 Honig und Zitronensaft in einer Schüssel verrühren. Weintrauben waschen, entstielen und abtropfen lassen. Trauben längs halbieren und evtl. entkernen.

2 Äpfel und Birnen waschen und trocken tupfen. Äpfel vierteln, entkernen und in Stücke schneiden. Birnen halbieren, evtl. 4 Scheiben zum Verzieren abschneiden. Übrige Birnen nochmals halbieren, entkernen und in Stücke schneiden.

3 Äpfel, Birnen und Weintrauben mit der Honig-Marinade mischen und ca. 10 Minuten ziehen lassen.

4 Inzwischen die Mandeln ohne Fett goldbraun rösten, herausnehmen. Schmand mit Zucker abschmecken. Obstsalat anrichten. Je einen Klecks Schmand daraufgeben. Mit Mandeln bestreuen und mit Minze und Birnenscheiben verzieren.

Zubereitungszeit ca. 30 Min.
Portion ca. 190 kcal
E 2 g · F 5 g · KH 32 g

Süße Deko
Einige Weintrauben am Stiel lassen und nach dem Waschen noch feucht in feinem Kristallzucker wenden.

Feigen-Krönchen mit Baisertupfen

Zutaten für 4 Personen:

- **50 g Amarettini (ital. Kekse)**
- **1 EL Butter**
- **8 frische Feigen (à ca. 50 g)**
- **1 Eiweiß, Salz**
- **2 gehäufte EL Zucker**

1 Ofen vorheizen (E-Herd: 200 °C/ Umluft: 175 °C/Gas: Stufe 3). Amarettini etwas zerbröseln. Butter schmelzen. Gut die Hälfte der Amarettini kurz darin schwenken. In eine Auflaufform geben. Feigen waschen und trocken tupfen. Die runde Seite jeweils flach schneiden. Feigen 4 x kreuzweise zu Krönchen einschneiden.

2 Eiweiß und 1 Prise Salz steif schlagen, dabei Zucker einrieseln lassen. Rest Amarettini unterheben. Feigen in die Form setzen und die Spitzen auseinanderdrücken. Je einen Klecks Baiser daraufgeben. Im heißen Backofen 5–6 Minuten goldbraun überbacken. Herausnehmen und sofort servieren.

Zubereitungszeit ca. 20 Min.
Portion ca. 200 kcal
4 g E · 6 g F · 32 g KH

Einkaufs-Tipp

Frische Feigen sollen groß und halbweich sein. Es gibt grüne, hellgelbe und rote bis violette Sorten. Je intensiver die Färbung, desto reifer und aromatischer ist das Fruchtfleisch. Haltbarkeit: im Gemüsefach des Kühlschranks ca. 3 Tage.

Praktisches für die schnelle Küche

Wenn die Zeit mal knapp ist, helfen Ihnen moderne Küchengeräte und Convenience-Produkte, in nur 30 Minuten eine gesunde leckere Mahlzeit auf den Tisch zu bringen

So macht Teamwork Spaß: Mama schneidet die Pommes, Töchterchen zerteilt die Eier für den Salat

Zeitraubende Arbeiten sind mit modernen Küchenutensilien flinker erledigt. Jedes einzelne Gerät bringt Ihnen zwar nur Minuten, aber die Summe macht's.

ERHITZEN, AUFTAUEN & GAREN

❶ *Heißwasserkocher* Sie brauchen heißes Wasser für Brühe oder zum Garen von Beilagen? Erhitzen Sie es im Wasserkocher. Das geht schneller und ist preiswerter als im Topf auf dem Herd. Spitze ist die neue „Opti-Quick"-Technologie, bei der das Wasser durch eine Heizspirale gepumpt wird. Bis die ersten 50 Milliliter aus der Zapfstation sprudeln, vergehen nur 3 Sekunden.

❷ *Schnellkochtopf* – der Experte für alles, was sonst lange gart, wie Gulasch oder Erbseneintopf. Aber auch in der Blitzküche lässt er sich sinnvoll einset-

Die flotten Drei: Der Heißwasserspender liefert 50 ml im 3-Sekunden-Takt. Die Mikrowelle taut superschnell auf und kann dampfgaren. Beim Schnellkochtopf sitzt die gesamte Technik im Griff

zen: gewürfelte Möhren sind in 4 Minuten gar, Salzkartoffeln brauchen statt 20 nur 12 Minuten (Schonstufe).

❸ *Mikrowellengeräte* sind eine prima Ergänzung zu Herd und Backofen. Vor allem kleine Portionen lassen sich damit im Nu auftauen, erhitzen, schmelzen oder garen.

MIXEN, SCHNITZELN & PÜRIEREN

Elektrische Küchenhelfer, die Kraft und Zeit sparen, gibt es viele. Je nach Kochgewohnheiten und Haushaltsgröße stehen drei Grundvarianten zur Wahl:

❹ *Handrührgeräte* sind in der Basisversion mit Schneebesen und Knethaken ausgerüstet, also fit zur flinken Zubereitung von Sahne, Cremes und Teigen. Top-Geräte verfügen zudem über einen Mixstab und ein Schnitzelwerk mit Einsätzen zum Schneiden, Reiben und Raspeln.

❺ *Küchenmaschinen* lohnen sich vor allem, wenn Sie häufig größere Mengen verarbeiten müssen. Mit ihren unterschiedlichen Aufsätzen, Rühr- und Schneidwerkzeugen sind sie wahre Multitalente. Sie brauchen aber einen „Dauerparkplatz" auf

der Arbeitsfläche, weil man sie sonst zu selten nutzt.

❻ *Stabmixer* sind besonders handlich und können inzwischen mehr als nur Obst und Gemüse pürieren oder Drinks mixen. Ein „Profi" schlägt natürlich auch Sahne, zerkleinert Kräuter, Fleisch, Nüsse und vieles mehr.

Handrührgerät, Küchenmaschine und Stabmixer mit reichhaltigem Zubehör sparen Zeit und Mühe

Klein, aber oho: Mit diesen handlichen Küchenhelfern erledigen Sie zeitraubende Arbeiten wie Schälen, Schnippeln und Hacken im Schnelldurchgang

ZERKLEINERN UND SCHÄLEN

Auch bei Handarbeit lässt sich so manche Minute einsparen. Gute Dienste leisten diese kleinen Küchenhelfer:

Kombi-Eierschneider für Scheiben und Sechstel (großes Foto). Robuste Geräte teilen auch Pilze und Kiwis problemlos in Scheiben.

❼ *Multischneider* Er ist die richtige Wahl, wenn festes Gemüse und Kartoffeln zu schneiden sind. Dank verschiedener Einsätze liefert er nicht nur Scheiben und Streifen, selbst Würfel sind für ihn kein Problem.

❽ *Reiben* gehören zur Grundausstattung der Küche. Eine grobe und eine feine sollten es schon sein. Die abgebildete Profi-Reibe kann beides. Ebenfalls im Handel: Vier- und Sechskantreiben.

❾ *Pendelklinge aus Keramik* Damit schälen Sie Möhren, Gurken & Co. viel schneller als mit einem Küchenmesser.

❿ *Gemüseschneider* Gleichmäßige Scheiben für Salate und Aufläufe sowie Bratkartoffeln sind mit diesem Gerät ruck, zuck gemacht. Seine superscharfen Edelstahlklingen gleiten sogar mühelos durch knackige Radieschen.

⓫ *Knoblauchschneider* Mit diesem kleinen Spezialhobel lässt sich Knoblauch im Eiltempo blättrig schneiden.

⓬ *Knoblauchpresse* mit einem Gitter aus rostfreien Messerklingen. Drückt man die Knoblauchzehe ganz durch, entstehen Stifte. Schneidet man in Abständen mit einem Messer am Gitter entlang, erhält man Würfelchen.

⓭ *Mechanischer Hacker* Zwiebeln, Kräuter, Nüsse und Schokolade zerkleinert er im Handumdrehen. Zutaten einfach unten in den Behälter füllen. Dann den Knauf mehrmals drücken, bis alles so fein gehackt ist, wie man es haben möchte.

TOLLE PRODUKTE FÜR BLITZGERICHTE

Kaum Zeit zum Kochen? Dann sind Convenience-Produkte (vorgefertigte Lebensmittel) eine echte Hilfe:

Tiefkühlkost:
TK-Gemüse und -Kräuter sind ideal, denn sie müssen weder geputzt noch gewaschen werden. Selbst das

Auftauen ist meist überflüssig. Früchte und Fischfilet müssen vor der Weiterverarbeitung nur antauen. Rösti, Pommes, Puffer & Co. kommen tiefgefroren in den Backofen. Auch super: Brot und Brötchen zum Aufbacken!

Kühltheke: Frischteig für Pizza und Brötchen sowie Blätterteig kann sofort verarbeitet werden und ist sehr vielseitig. Frische Nudeln und Gnocchi sind in 2 Minuten gar. Geputzte Salate halten sich gekühlt 3–7 Tage (s. Mindesthaltbarkeitsdatum). Evtl. kurz waschen und nur noch anmachen. Die Hits der Blitzküche: rohe und gekochte Schinkenwürfel, Bacon, gegartes Kasseler und geriebener Käse.

Sonstiges: Als schnelle Beilage sollten Sie neben Nudeln Minuten-Reis (auch Milchreis) und Kartoffelprodukte wie Püree, Knödel im Kochbeutel, Rösti und Bratkartoffeln im Folienbeutel vorrätig haben. Hinzu kommen Obst- und Gemüsekonserven, vor allem Ananas, Tomaten, Mais und Pilze sind top. Würstchen und Thunfisch in der Dose nicht vergessen! Eier, Dauerwurst (z. B. Salami), Brot, Tortillas oder Wraps zum Aufbacken machen den Vorrat komplett.

Rezept-Register